Peter Weissenfeld

Wege aus der Grübelfalle

HERDER spektrum
Band 5455

Das Buch

„Wieso hat mich die Kollegin Meyer heute früh nicht gegrüßt? Hat sie was gegen mich?" – „Beim Treppensteigen bleibt mir immer öfters die Luft weg; ich werde doch nichts am Herzen haben?"– Man kann sich in solche Grübeleien richtig hineinsteigern. Dabei dreht man sich im Kreis und sieht alles immer nur noch düsterer und schwärzer. Doch gelöst werden die Probleme durch das Grübeln nicht. Mit Hilfe dieses Buches lernen Betroffene, möglichst frühzeitig zu merken, dass sie wieder ins Grübeln geraten, und innerlich ein Stopp-Schild aufzustellen: „Stopp! So geht es nicht, so löse ich keine Probleme." Grübeln verzerrt die Wirklichkeit. Um das Grübeln im Alltag zu stoppen, zeigt der Autor viele Hilfsmittel: Perspektivenwechsel, Atem- und Entspannungstechniken, Zeitmanagement, Kommunikationsübungen, positive Selbstaffirmationen. Mit diesem Training sieht die Welt bald wieder anders aus und die Freude am Leben kommt zurück. – Wer gelernt hat, wie man in Ruhe und durch klares Nachdenken Lösungen findet, braucht nicht mehr zu grübeln!

Der Autor

Peter Weissenfeld, Jahrgang 1952, gelernter Tischler und Baubiologe (Ökobuch: *„Holzschutz ohne Gift!"*). Heute Beratung und Coaching auf der Grundlage von NLP und systemischer Therapie. Schwerpunkte: Stressvermeidung, persönliche und berufliche Entwicklung, Elternkurse. NLP-Trainer (DVNLP) und NLP-Ausbilder.

Peter Weissenfeld

Wege aus der Grübelfalle

Lösungsorientiert denken

HERDER

FREIBURG · BASEL · WIEN

Gedruckt auf umweltfreundlichem,
chlorfrei gebleichtem Papier

Originalausgabe

2. Auflage

Alle Rechte vorbehalten – Printed in Germany
Verlag Herder Freiburg im Breisgau 2004
www.herder.de
Satz: Rudolf Kempf, Emmendingen
Herstellung: fgb · freiburger graphische betriebe 2005
www.fgb.de
Umschlaggestaltung und Konzeption:
R·M·E München / Roland Eschlbeck, Liana Tuchel
Umschlagmotiv: Getty Images
ISBN 3-451-05455-8

Inhalt

Einleitung 7

Danksagung 12

1. In der Grübelfalle 14
   Der Grübelkreislauf 14
   Ihre Grübelgedanken identifizieren 18

2. Abstand gewinnen 20
   Stopp! 20
   Die Distanz regulieren 22
   Das Problem verkleinern 25
   Einen sorgenfreien Ort finden 28
   Für einen guten Zustand sorgen 29
   Pausen einrichten 32

3. Einfluss auf die Gedanken nehmen 35
   Wie das Gehirn die Gedanken verarbeitet 36
   Visualisierungen positiv nutzen 38
   Den Blick weiten 41
   Achtsame Konzentration auf den Augenblick 45
   Die Perspektive wechseln 51
   Verhaltensmuster ändern 59
   Innere Dialoge verändern 62
   Einengende Glaubenssätze auflösen 65
   Der Blick aus der Zukunft 72
   Die Sicht der Dinge aufhellen 75
   Die eigenen Stärken wiederfinden 78
   Auf Ihre Ressourcen zurückgreifen 83

4. Lösungen finden 86
  Sorgen über die Zukunft:
  „Was kann alles passieren?" 86
  Entscheidungsgrübeln:
  „Wie soll ich mich entscheiden?" 91
  Grübeln über Anforderungen:
  „Mache ich das gut genug?" 100
  Grübeln über Beziehungen:
  „Wie sehen mich die anderen?" 108
  Grübeln über Konflikte:
  „Wie soll ich mit dem/der nur klarkommen?" . . . 117
  Grübeln über die Vergangenheit:
  „Und wenn das nun anders gewesen wäre?" 120
  Grübeln in Lebenskrisen:
  „Soll das alles sein?" 126

5. Grübelfallen im Alltag vorbeugen 133
  Phänomen Stress 133
  Den Alltag verändern 135
  Erleichtern Sie sich den Alltag 138
  Strategien, um Ihre Ziele zu erreichen 139
  Nicht nur Ihr Kopf ist gefragt 142

6. Das Leben ist mehr als ein Rätsel 146

7. „Grüblerische Gedanken" zum Abschluss 151

8. Weitere Übungen 155

9. Was bedeutet... 184

10. Literaturempfehlungen 186

Einleitung

Grübeln, wer kennt es nicht? Manche Menschen werden sich selbst als grüblerisch bezeichnen und neigen dazu, intensiv und für längere Zeit in Gedanken zu versinken. Andere kennen die Situation, des Nachts plötzlich aufzuwachen und von einem Gedanken nicht mehr loszukommen. Typisch fürs Grübeln ist, dass die Gedanken endlos herumkreisen, ohne einer Lösung näher zu kommen.

Bei Fragen, die zukünftige Ereignisse betreffen, sind Antworten oft noch gar nicht möglich.

Dinge in der Vergangenheit können nicht mehr verändert oder ungeschehen gemacht werden.

„Wie wird das Gespräch morgen verlaufen?", „Warum habe ich nur ...?" „Soll ich? Oder vielleicht lieber doch nicht? Oder doch?"

„Schalte doch einfach mal ab und lass das Grübeln sein!" Dieser und ähnliche Ratschläge sind sinnlos. Wer weiß, wie das Grübeln gestoppt werden kann, wird dies auch tun.

Grübeln löst Stress aus und verstärkt ihn, die meisten gestressten Menschen werden von beängstigenden Gedanken über mögliche zukünftige Ereignisse gequält oder finden keinen Abstand zu Dingen, die Ihnen nicht gut gelungen sind.

Deshalb ist ein Ausstieg aus dem Grübeln ein integraler Bestandteil der Stressbewältigung.

Grübeln hat viele Aspekte. Da es sich meist problemverstärkend auswirkt und Ängste vergrößert, wird es in der Regel negativ erlebt. Bedenken Sie aber auch, dass ohne ein bestimmtes Maß an „Grübeln" viele Bücher nicht geschrieben, Entdeckungen nicht gemacht und wichtige Gedanken nicht gedacht worden wären. Hintergründiges Denken und den Dingen auf den Grund gehen sind auch Seiten des Grübelns.

Nachdenken ist im Unterschied zum Grübeln lösungsorientiert und „frei schweifende" Gedanken, Tagträume oder nach Zusammenhängen forschendes Nachsinnen werden als angenehm erlebt.

Ich erdenke Lösungen für Probleme und bestimme den Zeitpunkt, zu dem ich dies tun werde.

Natürlich sind nicht alle Probleme lösbar. Dieses Buch zeigt Wege auf, um grübel- und stressfrei mit dem Unabänderlichem zu leben.

Glücklicherweise kennen Sie einen Experten in Sachen Grübelstopp und Stressbewältigung! **Sich selbst!** Dies mag Sie erstaunen, aber ich bin überzeugt, dass Sie nicht nur alle Möglichkeiten besitzen, um ihre zukünftigen Probleme zu lösen, sondern auch jetzt schon mit den allermeisten alltäglichen Herausforderungen klarkommen. Es wird Sie vielleicht überraschen, dass ein Ratgeber sich auch mit dem beschäftigt, was Sie schon können und nicht nur mit dem, was Sie noch alles lernen müssen. Das allermeiste, was Sie benötigen, um Ihre Probleme zu lösen, können und wissen Sie bereits jetzt. Dieses Buch wird Ihnen dabei helfen, Ihre Fähigkeiten zielgerichteter einzusetzen und besser für sich zu nutzen.

Mit diesem Buch möchte ich Sie dabei unterstützen, den Zugang zu Ihren Fähigkeiten und Stärken wiederzufinden.

Dabei werde ich Ihnen natürlich auch einige „Tricks" und Übungen zeigen, die Ihnen einen Ausstieg aus der Grübelfalle und neue Möglichkeiten im Umgang mit Alltagsstress eröffnen werden.

Ob jemand ins Grübeln gerät oder nicht, hängt nicht von den äußeren „objektiven" Bedingungen ab, sondern vom individuellen, subjektiven Umgang mit den Gedanken.

NLP (Neurolinguistisches Programmieren) beschäftigt sich mit diesem subjektiven Erleben und dessen gezielter Veränderung. Deshalb bietet es hervorragende Methoden zum Ausstieg aus der Grübelfalle.
Weitere essentielle Bausteine dieses Buches sind die neueren Ansätze der systemischen (Familien-)Therapie und die Erkenntnisse der Hirnforschung.

Kurze Erläuterungen zu NLP und dem systemischen Ansatz finden Sie im Anhang „Was bedeutet ..."

Der Ausstieg aus dem Grübeln ist ganz einfach, aber nicht immer leicht.

Einfach ist es, weil dafür keinerlei Fähigkeiten benötigt werden, die Sie nicht schon haben. Ganz leicht ist es trotzdem nicht, denn eingefahrene Gedanken- und Verhaltensmuster sind wie altvertraute Pfade, die man nicht gerne verlässt.

Ähnlich verhält es sich beim Rauchen. Jeder weiß, wie es geht: „Keine mehr anstecken!" Dies umzusetzen ist hingegen schon etwas schwieriger. Da es glücklicherweise beim Grübeln nicht um „alles oder nichts" geht, sind dort Veränderungen wesentlich leichter zu erreichen, als dem Rauchen total zu entsagen.
Wenn Ihr Ziel ist, weniger oder ergebnisorientierter zu grübeln, werden Sie recht schnell Erfolge haben.

„Du musst das so machen!" **Rat**schläge sind immer auch „Schläge". Da dieses Buch den Charakter eines Ratgebers hat, enthält es **Vor**schläge und praktische Tipps. Patentlösungen kann ich Ihnen nicht bieten, wohl aber einige patente Lösungen vorstellen.

Wahrscheinlich werden Ihnen nicht alle Methoden in diesem Buch zusagen. Suchen Sie sich das heraus, womit Sie persönlich etwas anfangen können, den Rest vergessen Sie einfach, es ist für Sie ein unnötiger Ballast, auch wenn es für andere hilfreich sein mag.

Sehen Sie bitte alles nur als Möglichkeiten an, die Sie für sich verwenden oder auch verwerfen können.

Finden Sie Ihren persönlichen Weg aus Grübeln und Stress.

Zur Strukturierung habe ich an mehreren Stellen Verhaltensweisen in „Schubladen" eingeordnet. Dies sind natürlich nur Hilfsmodelle und Erklärungsmuster, die mit Ihrer Situation nicht genau übereinstimmen müssen.

Auf theoretische Erklärungen habe ich weitestgehend verzichtet, um das Buch möglichst kurz und alltagstauglich zu gestalten. Ein paar wesentliche Hintergründe, die zum Verständnis beitragen, habe ich kurz dargestellt.

Ich empfehle Ihnen, das Buch erst einmal möglichst entspannt zu lesen, als ob es ein Roman wäre. Machen Sie nur die Übungen sofort, die ich Ihnen im Text ausdrücklich empfehle. Sie sind für das weitere Verständnis wichtig.

Stellen die den Anspruch, irgendetwas an Ihrem Verhalten zu ändern, ruhig ganz zurück. Ein paar Tage Zeit wird dies noch haben. Anschließend werden Sie wissen, welcher Ansatz für Sie momentan der geeignete ist. Meiner Meinung nach ist es sehr hilfreich, zunächst nur mit einer Sache zu beginnen und das langsam.

Ein chinesisches Sprichwort lautet:
„Auch eine Reise von tausend Meilen beginnt mit dem ersten Schritt."

Die verschiedenen Methoden, aus der Grübelfalle zu kommen, finden Sie im Anhang noch einmal praxisgerecht dargestellt vor.

Falls Sie sich mit einzelnen Themenkomplexen näher beschäftigen möchten, finden Sie im Anhang geeignete Literatur.

Um einen gut lesbaren Textfluss zu gewährleisten, verwende ich in diesem Buch durchgängig die männliche Form.

Danksagung

Ich habe für dieses Buch verschiedene Ideen, Techniken und therapeutische Methoden zusammengetragen. Leider kann ich nur auf die Quellen verweisen, die mir noch bewusst und nachvollziehbar sind.

Allen, von denen ich Ideen und Anregungen bekam, sei es aus Büchern, in Fortbildungen oder in persönlichen Gesprächen, möchte ich hiermit herzlichst danken, auch und besonders wenn sie nicht namentlich erwähnt werden.

Ohne ihren Einfluss wäre dieses Buch nie entstanden.

Das Manuskript ist langsam gewachsen, ich habe es mehrmals umstrukturiert, Passagen verworfen und Abschnitte umgeändert. Mir selbst fehlte in der arbeitsreichen Produktionsphase manchmal die kritische Distanz und der klare Blick von außen.

Durch Anregungen und konstruktive Kritik mehrerer Personen, die verschiedene Entwürfe vorab gelesen haben, hat dieses Buch erheblich an Qualität gewonnen.

Besonders erwähnen möchte ich in diesem Zusammenhang Angelika Henke, Barbara Albert, Gertrud Hahner, Gregor Bones, Günther Löffler, Petra Fléing und Ralf Rothbühr. Großer Dank gebührt Melanie Müller, mit der ich einen sehr intensiven Austausch über das Manuskript hatte.

Nicht unerwähnt bleiben soll, dass Petra Fléing mich auf die Idee brachte, ein Buch zu schreiben, und Herr Raab vom Verlag Herder, der die praktische Verwirklichung ermöglichte.

Vor circa 25 Jahren beschäftigte ich mich mit natürlicher Oberflächenbehandlung und ökologischem Holzschutz. Das daraus ein Buch entstand, verdanke ich auch Claudia Lorenz-

Ladener und Heinz Ladener vom ökobuch-Verlag. Die damaligen positiven Erfahrungen ermutigten mich, dieses Projekt zu beginnen.

Für meine beiden Söhne, Janis und Marek Brächter, hatte ich im letzten halben Jahr wenig Zeit. Sie unterstützten mich vor allen Dingen durch ihr großes Verständnis.

Ganz besonders bedanken möchte ich mich bei meiner Frau, Wiltrud Brächter. Sie bestärkte mich nicht nur darin, dieses Buch zu schreiben, sondern unterstützte mich durch ihr reichhaltiges Wissen und ihre therapeutische Erfahrung. Darüber hinaus begleitete sie die gesamte Entwicklung des Manuskripts mit Ideen und Anregungen. Sie gab mir hervorragende Tipps zur Strukturierung des Buches. Auch ihre Hilfe beim Formulieren und beim „Feinschliff" weiß ich zu sehr zu schätzen.

1. In der Grübelfalle

Der Grübelkreislauf

Dieses Buch soll Ihnen helfen, individuelle Lösungen zu finden, um aus dem Grübeln und den Sorgengedanken herauszukommen. Darum möchte ich auch nicht mit einem beliebigen Beispiel für Grübeln beginnen, sondern mit einem sehr speziellen, mit Ihrem eigenen.

Nehmen Sie sich bitte ein wenig Zeit dafür:

Erinnern Sie sich an eine Situation in der Vergangenheit, in der Sie sorgenvoll gegrübelt haben, und die der Anlass gewesen sein könnte, dieses Buch zu lesen. Setzten Sie sich möglichst bequem hin. Wenn es für Sie angenehm ist, schließen Sie Ihre Augen.

Vergegenwärtigen Sie sich die Grübelsituation noch einmal und beachten Sie dabei folgende Aspekte:
➤ Wo befanden Sie sich, als Sie ins Grübeln gerieten?
➤ Wie sah die Anfangssituation aus, was waren die Auslöser?
➤ Welche Gedanken gingen Ihnen durch den Kopf?
➤ Welche Gefühle verspürten Sie?
➤ Hatten Sie ein inneres Bild vor Augen und hörten Sie etwas?
➤ Wie waren Ihre Körperhaltung und Ihr Körpergefühl?

Wenn Sie sich jetzt, nach der Übung, schlechter fühlen, dann haben Sie die „Problemtrance" wieder erlebt, in der Sie sich damals befunden haben. Als Problemtrance bezeichne ich den geschlossenen, sich selbst aufrechterhaltenden Kreislauf, der beim Grübeln entsteht. Er besteht aus negativen Gedanken und Gefühlen und ist mit dazu passenden Körperhaltungen und -empfindungen verbunden.

„Was soll das?" fragen Sie sich vielleicht jetzt. „Dieses Buch verspricht doch Lösungen und ich habe keine Lust, ungute Erinnerungen aufzufrischen." Sie haben diese Erwartung zu Recht. Wenn Ihnen Ihr „Grübelschema" bewusst ist, finden Sie jedoch leichter die Möglichkeit auszusteigen.

Außerdem ist es mir wichtig, dass Sie mit diesem Buch Ihre eigenen Erfahrungen machen können.

Ein möglicher, durchaus typischer Ablauf einer Problemtrance kann so aussehen:

Frau A. hat ihr Frühstück beendet und möchte das Geschirr abräumen. Plötzlich denkt sie an den folgenden Tag. Eine schwierige Situation steht ihr bevor. Es könnte beispielsweise ein Gespräch mit dem Chef sein, eine Prüfung oder der Zahnarzttermin des Kindes.

➤ Mit dem sorgenvollen Gedanken startet das Grübeln
➤ Frau A. bleibt einfach am Tisch sitzen und beginnt ihre Tätigkeiten nicht.
➤ Sie malt sich die Situation in düsteren Farben aus.
➤ Ihre Gedankengänge entwickeln sich zu Horrorszenarien.
➤ Ihre Körperhaltung sinkt mehr und mehr ein.
➤ Ihr Atem wird schneller und flacher.
➤ Sie fühlt sich immer schlechter, müder und lustloser. Alles überfordert sie.
➤ Sie nimmt nur noch die problematischen Aspekte wahr.
➤ Ihre Gedanken drehen sich im Kreis.
➤ Sie sieht keinen Ausweg aus dem Problem.
➤ Sie beginnt sich selbst vorzuwerfen, dass sie ihre Zeit vertrödelt.

Allein ein flüchtiger Gedanke kann ausreichen, den gesamten Kreislauf in Gang zu setzen. Ihn zu verlassen erscheint oft unmöglich. Sie können nicht mehr nach rechts oder links schauen und bekommen einen „Tunnelblick".

Wenn Sie aber den Ablauf an **einer** beliebigen Stelle stoppen und damit das gesamte System destabilisieren, haben Sie den ersten wirkungsvollen Schritt zu einem Grübelstopp getan.

Grübeln beginnt oft schleichend und ist ein Prozess, auf den Sie durchaus Einfluss nehmen können. Dabei ist es ziemlich egal, wo Sie konkret beginnen.

Wenn Sie sich das Leben nicht unnötig schwer machen wollen, fangen Sie einfach da an, wo es für Sie am leichtesten ist.

Anhand des Beispiels von Frau A. möchte ich Ihnen aufzeigen, welche Einflussmöglichkeiten bestehen.

➤ Mit dem sorgenvollen Gedanken startet das Grübeln.	**Stopp! Und den Gedanken verbannen.**
➤ Sie bleiben einfach sitzen und beginnen Ihre Tätigkeiten nicht.	**Wechseln Sie Ihren Aufenthaltsort und bewegen Sie sich.**
➤ Sie malen sich die Situation in düsteren Farben aus.	**Verändern Sie Ihre inneren Bilder.**
➤ Ihre Gedankengänge entwickeln sich zu Horrorszenarien.	**Stellen Sie den Bezug zur Realität wieder her.**
➤ Ihre Körperhaltung sinkt mehr und mehr ein.	**Nehmen sie eine Haltung ein, die Ihnen Kraft und Zuversicht gibt.**
➤ Ihr Atem wird schneller und flacher.	**Atmen Sie ruhig und tief.**
➤ Sie fühlen sich immer schlechter, müder und lustloser.	**Richten Sie Ihren Blick gezielt auf Ihre Stärken.**
➤ Sie nehmen nur noch die problematischen Aspekte wahr.	**Wechseln Sie Ihre Perspektive.**

➤ Alles überfordert Sie.	**Erlernen Sie besseres Zeit- und Alltagsmanagement.**
➤ Ihre Gedanken drehen sich im Kreis.	**Machen sie eine Pause.**
➤ Sie sehen keinen Ausweg aus dem Problem.	**Verwenden Sie neue Lösungsstrategien.**
➤ Sie beginnen sich selbst vorzuwerfen, dass Sie Ihre Zeit vertrödeln.	**Steigen Sie aus den Selbstvorwürfen aus.**

Leichter gesagt als getan, denken Sie jetzt vielleicht. Das ist durchaus richtig, aber es geht doch oft einfacher, als Sie vielleicht annehmen. Bedenken Sie, dass schon eine einzige dieser vielen Möglichkeiten eine Unterbrechung des Grübelkreislaufes einleitet.

Ein gutes Beispiel für sich selbst verstärkende negative Denkstrukturen hat der amerikanische Therapeut, Philosoph und Kommunikationswissenschaftler Paul Watzlawick in seinem Buch „Anleitung zum Unglücklichsein" beschrieben:

Die Geschichte mit dem Hammer:
Ein Mann will ein Bild aufhängen. Den Nagel hat er, nicht aber den Hammer. Der Nachbar hat einen. Also beschließt unser Mann, hinüberzugehen und ihn auszuborgen. Doch da kommt ihm ein Zweifel: Was, wenn der Nachbar mir den Hammer nicht leihen will? Gestern schon grüßte er mich nur so flüchtig. Vielleicht war er in Eile. Aber vielleicht war die Eile nur vorgeschützt und er hat was gegen mich. Und was? Ich habe ihm nichts angetan; der bildet sich da was ein. Wenn jemand von mir ein Werkzeug borgen wollte, ich gäbe es ihm sofort. Und warum er nicht? Wie kann man einem Mitmenschen einen so einfachen Gefallen abschlagen?

Leute wie dieser Kerl vergiften einem das Leben. Und dann bildet er sich noch ein, ich sei auf ihn angewiesen. Bloß weil er einen Hammer hat. Jetzt reicht's mir wirklich. – Und so stürmt er hinüber, läutet, der Nachbar öffnet, doch bevor er „Guten Tag" sagen kann, schreit ihn unser Mann an: „Behalten Sie Ihren Hammer, Sie Rüpel!"

Ihre Grübelgedanken identifizieren

Die Dinge, über die nachgegrübelt werden kann, sind sehr verschieden. Der Vorgang des Grübelns hingegen sieht immer recht gleich aus. Typisch ist der fast endlose Kreislauf der Gedanken.

Es kann hilfreich für Sie sein, die Inhalte Ihrer Grübelgedanken und die negative Bewertungsspirale, die in Gang gesetzt wird, näher anzuschauen. Wenn Ihr Grübeln für Sie bisher etwas sehr Diffuses war, gewinnen Sie dadurch mehr Klarheit. Um Wege aus Ihrer Grübelfalle zu finden, kann es ein erster Schritt sein, wenn Sie sich die Art Ihrer typischen Grübelgedanken bewusster machen. Schon allein dadurch geraten Sie nicht mehr so leicht in die Falle.

Themen, über die häufig gegrübelt wird:
➤ **Sorgen über Dinge, die in der Zukunft liegen**
   Wie werde ich das nur hinkriegen? Bin ich gut genug vorbereitet? Hoffentlich passiert nichts Schlimmes.
➤ **Entscheidungsgrübeln**
   Wie soll ich mich entscheiden? Hoffentlich mache ich nichts falsch. Die andere Möglichkeit wäre vielleicht auch nicht so schlecht gewesen?
➤ **Leistungsanforderungen**
   Wieso habe ich das nicht besser gemacht? Hoffentlich enttäusche ich die Gäste mit meinem Buffet nicht.

➤ **Wie sehen mich die anderen?**
Was denkt Familie X., wenn ich einfach ...? Wie werden die Kollegen es finden, wenn ich ...?
➤ **Umgang mit Konflikten**
Was passiert, wenn ich sage, was ich denke und fühle? Was mache ich, wenn ich wieder auf den Z. treffe?
➤ **Über die Vergangenheit**
Wären meine Eltern bloß anders gewesen! Wäre ich bloß auf eine andere Schule gegangen! Wenn ich das bloß anders gemacht hätte, vielleicht ...?
➤ **Über den Sinn des Lebens**
Das soll schon alles gewesen sein? Wieso ist nur mein Alltag so freudlos? Wenn ich mich noch mal entscheiden könnte ...

Diese Unterteilungen sind nur ein Anschauungs- und Strukturierungsmodell, deshalb ist es gut möglich, dass Sie sich in mehreren der aufgeführten Kategorien wiederfinden. Ein Kennzeichen des Grübelns ist gerade die mannigfaltige Verknüpfung und Verschachtelung mehrerer oder aller dieser Aspekte. Überschneidungen sind deshalb völlig normal.

Es gibt sicherlich eine Menge an grüblerischen Gedanken, die sich mit irrealen und recht unwichtigen Problemen beschäftigen. Sorgen und grüblerisches Nachdenken sind aber keineswegs immer grundlos.

Es gibt durchaus Probleme im Leben, die uns zwangsläufig und aus gutem Grund Kummer und Sorgen bereiten. Es ist wichtig, diese ernst zu nehmen und nicht zu verniedlichen.

Sorgenvolles Grübeln, ohne eine Entscheidung zu treffen, verschlimmert jedoch die Lage nur. Deshalb ist ein anderer Umgang mit den Gedanken und dem Problem entlastend und hilfreich.

Niemand grübelt grundlos, selbst dann nicht, wenn keine „objektiven" Ursachen für Sorgen zu finden sind.

2. Abstand gewinnen

Problemlösungen sind nicht immer verfügbar, manchmal auch gar nicht vorhanden.

Auch nicht jeder Zeitpunkt ist geeignet, um sich mit Problemen herumzuschlagen.

In diesem Kapitel beschäftige ich mich damit, wie Sie jenseits aller inhaltlichen und praktischen Lösungen Distanz zu Ihren Sorgen bekommen können. Wir benötigen einen freien Kopf und ein unbelastetes Gefühl, um die Grübeltrance verlassen zu können. Ein emotionaler Abstand ist bei der Lösungssuche hilfreich und notwendig, dann kommen Ideen oft wie von selbst.

Aber damit wollen wir uns später beschäftigen. Jetzt geht es erst einmal nur um das Abschalten und Distanz gewinnen.

Stopp!

Sie sitzen gemütlich zu Hause und wollen ein Buch lesen, Musik hören oder sich anderweitig entspannen. Aber immer wieder tauchen sorgenvolle Gedanken auf. Sie beschäftigen sich doch wieder unfreiwillig mit einem Problem, vor dem Sie jetzt Ihre Ruhe haben wollen. Stellen Sie sich ein Stoppzeichen vor, wie Sie es aus dem Straßenverkehr kennen. Es signalisiert Ihnen:

Sagen Sie: „**Stopp!**", bewegen Sie sich und ändern Sie Ihre Sitzposition.

Grübeln bedeutet auch immer Bewegungslosigkeit, sowohl im körperlichen als auch im geistigen Sinne.

Wenn Sie Ihren „Grübelort" verlassen, unterbrechen Sie schon allein damit die Problemtrance. Wenn Sie körperlich in Bewegung sind, schaffen Sie die Grundlage für mehr geistige Flexibilität.

Sie werden den Zeitpunkt selbst bestimmen, an dem Sie sich mit dem Problem beschäftigen werden!

Mit der folgenden Methode können Sie Abstand zu Ihren Gedanken gewinnen:

Praxis: *Die Gedankenablage*

Sie lagern Ihre Gedanken so lange zwischen, bis Sie selbst sich entschließen, sie wieder hervorzuholen:

Dazu stellen Sie sich ein geeignetes, verschließbares Behältnis vor. Es sollte die notwendige Größe haben, eine Form oder ein Material, das Ihnen gefällt und auch stabil genug sein. Es kann sich hierbei beispielsweise um eine Kiste, einen Pappkarton, eine Dose oder ein beliebiges anderes Gefäß handeln.

Dieses Behältnis stellen Sie jetzt bitte in Gedanken vor sich hin oder halten es vor sich hin.

Nun lassen Sie alle Gedanken, die Sie im Augenblick als störend empfinden, in dieses Gefäß strömen. Wenn Sie alle hineingepackt haben, verschließen Sie es. Sie können es noch extra sichern, damit nichts ohne Ihren Willen wieder heraus kann. Einer Truhe können Sie dann ein Schloss verpassen und eine Kiste könnten Sie zunageln. Dann suchen Sie sich einen schönen Lagerplatz aus. Dort lagern Sie Ihr Gefäß, bis Sie es wieder benötigen und sich damit

> *beschäftigen wollen. Dann können Sie es hervorholen und wieder öffnen. Manchen Gedanken können Sie vielleicht auch in diesem Gefäß lassen und vergessen.*

Mit dieser Methode verdrängen Sie nichts, können aber über Ihre Gedanken selbst bestimmen.

Themen, Ideen und Gedanken, die Ihnen wichtig sind, können Sie vorher notieren. Dann brauchen Sie keine Angst zu haben, diese zu vergessen.

Denken Sie daran, dass es sich beim Grübeln um Kreisläufe und endlose Schleifen handelt. Sobald Sie feststellen, dass Sie nicht mehr nur einfach locker Ihren Gedanken nachgehen und diese genüsslich schweifen lassen, sondern es in negatives Grübeln übergeht, sollten Sie dies sofort unterbrechen.

Mit der Zeit wird sich Ihre Aufmerksamkeit schärfen. Wenn Sie dadurch lernen, den Kreislauf früher zu unterbrechen, wird Ihnen das „Stopp!" immer leichter fallen.

Auch intensive (Freizeit-)Beschäftigungen, die all Ihre Aufmerksamkeit in Anspruch nehmen, verschaffen Ihnen einen „freien Kopf". Kicken, ein spannendes Gesellschaftsspiel, ein dramatischer Film oder ein packendes Computerspiel wären einige der Möglichkeiten. Falls Sie die Gefahr sehen, dabei zu „versacken", können Sie vorher einen Zeitraum dafür festlegen.

Die Distanz regulieren

In der letzten Zeit findet Frau V. schlecht in den Schlaf. Auch nachts und gegen Morgen wacht sie öfter auf und liegt lange wach. Auf Ihrer Arbeitsstelle gibt es momentan viele Probleme und einen hohen Zeitdruck, außerdem ist das Verhältnis zu einer Kollegin seit einer Auseinandersetzung belastet. Wenn Frau V. abends im Bett liegt, läuft immer wieder der gleiche Film mit Ereignissen des vergangenen Tages ab. Daraufhin beginnt sie sich auch Sorgen über den nächsten Tag zu machen.

In einem Stressbewältigungskurs lernt sie eine Distanzierungstechnik kennen, durch die sie mehr Abstand zu Ihren Gedanken gewinnen kann.

> Wenn ihr jetzt abends sorgenvolle Gedanken durch den Kopf gehen, wendet sie diese Methode daheim an.
> Sie stellt sich dann eine Leinwand vor, auf der ihr ein Film vorgespielt wird. Dieser hat ihre Sorgen zum Inhalt. Mit einer imaginären Fernbedienung ist sie in der Lage, wie bei einem Fernseher, Bild und Ton zu steuern. Sie regelt dann den Ton herunter, bis dieser nicht mehr wahrzunehmen ist. Anschließend verdunkelt sie das Bild, bis es ebenfalls verschwindet. Das ermöglicht es ihr einzuschlafen.

Bei einer anderen Methode, die ebenfalls im Kurs vorgestellt wird, bleiben Ton und Bild unverändert. Mit der Fernbedienung kann man sich durch die Programme „zappen" und sich mit einem angenehmen Kontrastprogramm ablenken.

Frau M., eine andere Kursteilnehmerin, zeichnet die Filme aus ihrem „Kopfkino" auf Video auf. Anschließend legt sie die Kassette weg, um diese zu einem beliebigen Zeitpunkt wieder ansehen zu können.

Interessanterweise sind solche Techniken durch die Beobachtung menschlichen Verhaltens entstanden. Sie stellen also nichts Künstliches dar, sondern werden von manchen Menschen unbewusst angewandt.

Als mein jüngerer Sohn circa sechs Jahre alt war, beobachtete ich bei ihm ein interessantes Verhalten. Sein älterer Bruder schaute manchmal Videos an, die er ebenfalls liebte, die ihm aber an manchen Stellen zu spannend waren. Er sah sich diese dann durch den Türspalt der leicht geöffneten Tür vom Nachbarzimmer aus an. Er sah und hörte genau dasselbe, wie wenn er direkt vor dem Fernsehgerät gesessen hätte, aber es bedrohte ihn nicht so sehr.

Praxis im Anhang: „Verschaffen Sie sich Distanz", Seite 156.

Wie erklärt sich das? Stellen Sie sich vor, Sie fahren mit der Achterbahn. Gerade ist Ihr Wagen oben angekommen und zum ersten Mal rasen Sie in die Tiefe. Danach wieder hoch und weiter geht es.

Wie erging es Ihnen bei dem Gedanken? Angstvolles Entsetzen? Oder nervenkitzelnde Freude? Das hängt von Ihrem Verhältnis zu solchen Aktionen ab. Sie waren voll dabei, vielleicht sogar mit etwas Herzklopfen oder einem verkrampften Magen.

Nun befinden Sie sich in einer anderen Situation. Sie befinden sich ebenfalls auf einem Volksfest, doch jetzt sitzen Sie gemütlich auf einer Bank am Rande des Platzes und schauen sich die Achterbahn an. Während ein Wagen in die Tiefe rast und die Menschen kreischen, genießen Sie ein Eis.

Wie geht es Ihnen jetzt? Obwohl Sie genau wissen, wie es ist, mit der Achterbahn zu fahren, werden Sie sich jetzt entspannt fühlen.

Beide Male waren Sie nur in Ihrer Vorstellung unterwegs, einmal voll dabei, mit all Ihren Sinnen, mit „Haut und Haaren". Das andere Mal, als entfernter Beobachter, waren Sie mit Ihren Gefühlen nicht beteiligt. *(Steve, Praxiskurs NLP)*

Unser Alltag hat sowohl angenehme als auch unangenehme Seiten. Mit der jeweils richtigen Distanz können wir leichter durchs Leben gehen. Schönes erleben wir durch emotionale Nähe intensiver. Mit einem gefühlsmäßigen Abstand verlieren negative Ereignisse an Bedeutung.

Das Problem verkleinern

Grüblerische Gedanken sind oft hartnäckig und schwer zu vertreiben. Die folgende Methode eignet sich dazu, diese durch Verkleinern „verschwinden" zu lassen, sobald sie auftauchen. Auch damit wird der Grübelkreislauf durchbrochen und Abstand hergestellt.

Praxis: *Ein Problem verkleinern!*
Bei vielen Menschen melden sich störende Gedanken in Form von inneren Bildern oder in Kombination mit diesen.

Wenn Sie diese Bilder verkleinern, wird auch das Problem Sie weniger oder gar nicht mehr belästigen. Es kann dadurch erheblich an Größe verlieren.

Betrachten Sie Ihr Bild der Problemsituation erst einmal ganz in Ruhe. Es wird am Anfang mehr oder weniger Ihr ganzes inneres Gesichtsfeld einnehmen.

Lassen Sie es anschließend ein wenig schrumpfen. Es schrumpft ganz langsam, bis es nur noch die Größe einer Briefmarke hat. Dabei entfernt sich das Bild auch, bis es nur noch als kleiner Punkt in der Ferne vorhanden ist. Sollte es sich doch wieder in den Vordergrund Ihrer Aufmerksamkeit bewegen, wiederholen Sie das Verkleinern ruhig. Nach ein paar Wiederholungen funktioniert dies in Sekundenbruchteilen.

Der sorgenvolle Gedanke ist zwar noch vorhanden, befindet sich aber soweit im Hintergrund der Aufmerksamkeit, das er Sie nicht mehr stören kann. Falls es sich um ein Problem handelt, das Sie noch lösen müssen, werden Sie mit Sicherheit rechtzeitig wieder daran denken. Wenn es Sie ruhiger macht, können Sie auch jetzt schon einen Zeitpunkt festlegen, an dem Sie eine Lösung für das Problem suchen werden.

Ein schönes Bild ist das „Drachen steigen lassen". Wenn Sie den störenden Gedanken an einen Drachen binden, können Sie ihn beliebig weit in den Himmel steigen lassen. Wenn er aus Ihrem Gesichtsfeld verschwindet, können Sie ihm hinterherwinken.

Sie haben dann die Wahl, ihn an der „langen Leine" weiterhin festzuhalten, oder ihn mit dem Wind davontragen zu lassen.

Die Fähigkeit, innere Bilder bewusst zu gestalten und zu verändern, erfordert in der Regel etwas Übung. Seien Sie nicht entmutigt, wenn es Ihnen nicht sofort gelungen sein sollte.

Die verschiedenen Sinne werden nicht von allen Menschen gleich genutzt. In unserer Kultur überwiegt die visuelle Orientierung, das bevorzugte Wahrnehmen und Denken in Bildern. Vielleicht gehören Sie zu den Menschen, die hauptsächlich den auditiven Sinn, das Hören, gebrauchen. Auch eine schwerpunktmäßige Ausrichtung auf den Geruchssinn oder das Körpergefühl ist möglich.

Mit der folgenden „Visualisierungsübung" können Sie trainieren, Ihre inneren Bilder zu erschaffen und zu verändern.

Vorab noch ein Hinweis, wie Sie diese und ähnliche Übungen durchführen können:

Lesen Sie sich bitte den Text mehrfach durch und gehen Sie dann nach Ihrer Erinnerung vor. Betrachten Sie es als interessantes Experiment, bei dem nichts schief gehen kann. Es ist hilfreich, wenn sie dabei Ihre Augen schließen. Sie können sich den Text auch auf Band sprechen oder vorlesen lassen.

Sie sollten sich nur etwas Zeit dafür nehmen, einen ruhigen Ort haben und gemächlich vorgehen.

Probieren Sie es einfach aus.

Stellen Sie sich einen großen roten Ball vor, er hat ungefähr die Größe eines Medizinballs. Wenn Sie ihn klar und deutlich sehen, geben Sie ihm etwas Bewegung. Sie lassen ihn etwas in die Höhe steigen und dann wieder absinken, bis er den Boden erreicht hat. Dies wiederholen Sie noch zwei- oder dreimal. Danach bewegen Sie ihn nach rechts und nach links. Auch das einige Male.

Bringen Sie den Ball anschließend wieder an seinen alten Platz zurück. Lassen Sie ihn jetzt langsam wachsen, bis er etwa die doppelte Größe erreicht hat. Anschließend lassen Sie ihn auf die Größe eines Tennisballs schrumpfen, um ihn dann seine ursprüngliche Größe wieder annehmen zu lassen.

Aus dem Ball machen Sie jetzt ganz langsam einen Würfel. Wenn Sie möchten, können Sie auch noch die Größe verändern.

Nachdem Sie ihn in einen Ball zurückverwandelt haben, verändern Sie auch seine Farbe. Lassen Sie ihn Ihre Lieblingsfarbe annehmen. Danach geben Sie ihm seine alte Farbe wieder.

Abschließend ruht er in alter Form, Farbe und Größe wieder an seinem Platz.

Wenn Ihnen die Übung spontan gut gelungen ist, beherrschen Sie diese Technik schon. Falls Sie mit dem Ergebnis unzufrieden sind, können Sie diese Übung zu jedem beliebigen Zeitpunkt wiederholen. Es kann sein, dass Sie etwas Zeit brauchen, bis Sie mit dieser Methode vertraut sind.

Dabei können Sie beliebige Veränderungen an Ablauf und Inhalt vornehmen oder sich eine eigene Übung ausdenken.

Einen sorgenfreien Ort finden

Ruhe und Abstand können Sie auch an einem Ort bekommen, von dem Sie alle bedrängenden Sorgen und Gedanken fernhalten, einem Platz, an dem Sie sich geborgen fühlen und vor allen Unannehmlichkeiten des Alltags geschützt sind.

Weil er immer größere Probleme hat, in der Freizeit abzuschalten und seinen Kopf von der Arbeit frei zu bekommen, besucht Herr G. einen Kurs zum Stressabbau.

Die Kursleiterin führt ihn durch eine Phantasiereise, um ihm eine neue Möglichkeit zu zeigen, frei von den abendlichen Sorgen zu sein.

Sie lässt ihn in seiner Erinnerung nach einer Situation suchen, in der er sich wirklich wohl gefühlt hatte. Spontan fällt ihm sein Urlaub im Süden ein. Angeregt erzählt er vom Meer und der Ruhe am Wasser. Er erinnert sich an die Farben und intensiven Gerüche der Landschaft und die angenehme Wärme.

Die Kursleiterin hilft ihm, sich körperlich zu entspannen. Sie bittet ihn dann, sich einen Ort vorzustellen, der ihm Ruhe, Entspannung und Sicherheit bieten kann. Ihm kommt das Bild einer sehr kleinen, geschützten Bucht. Die Sonne erwärmt sie angenehm und es gibt einen kleinen Sandstrand. Er hört das leichte Plätschern der Wellen und genießt den salzigen Geruch des Meeres. Durch die sie umgebenden Felsen ist die Bucht fast unerreichbar und er fühlt sich wohl und geschützt vor den Problemen des Alltags. Bevor die Kursleiterin ihn aus seiner tiefen Entspannung in die Gegenwart zurückholt, sagt sie ihm noch, dass er diesen Ort jederzeit wieder in seiner Vorstellung aufsuchen könne.

Wenn Sie sich auf die Suche nach Ihrem „sorgenfreien Ort" machen, wird dieser wahrscheinlich anders aussehen. So wie Sie durch Ihre Phantasie grüblerische Gedanken erzeugen können, ist es Ihnen auch möglich, gedanklich einen Platz zu erschaffen, der eine sichere Zuflucht bietet.

Praxis im Anhang: „Suchen Sie Ihren sorgenfreien Ort", Seite 157.

Für einen guten Zustand sorgen

Sie kennen sicher Tage, an denen Sie mit dem falschen Fuß zuerst aufgestanden sind. Nichts läuft so richtig und Ihre Laune ist sowieso im Keller.

An anderen Tagen kann Sie fast nichts erschüttern, es geht Ihnen richtig gut und Sie sehen alles recht optimistisch. Sie befinden sich in unterschiedlichen emotionalen Grundzuständen, die eine Art Selbstläufer sind und Ihre Gedanken, Ihr Handeln und Ihre Reaktionen auf die Ereignisse des Alltags beeinflussen und bestimmen.

Wir nehmen unseren emotionalen Grundzustand in der Regel nur wahr, wenn er „ungewöhnlich" ist, so wie wir auch unseren Gesundheitszustand meist nur wahrnehmen, wenn er schlecht ist, wir also krank sind.

Nehmen Sie sich etwas Zeit und erforschen Sie Ihren „normalen" Grundzustand:
- Wie ist Ihre übliche Haltung?
- Wie fühlen Sie sich in dieser Haltung?
- Ist Ihr Grundzustand leicht oder schwer?
- Wie atmen Sie? Flach oder tief, aus dem Bauch heraus?
- Welchen Eindruck vermitteln Sie nach außen?
- Wie kommt dies in Ihrer Art zu gehen, zu sitzen und zu sprechen zum Ausdruck?
- Was gefällt Ihnen an Ihrem Grundzustand?
- Gibt es etwas, was sie daran ändern möchten?
   (McDermott; O'Connor, NLP und Gesundheit)

In einem negativen Grundzustand haben wir nicht nur eine schlechtere Laune, sondern auch ein geringeres Selbstvertrauen und neigen dazu, alles schwarz zu sehen. Grüblerische Gedanken haben jetzt einen guten Nährboden.

In einer „schlechten Stimmung" haben positive Gedankengänge und lösungsorientierte Ideen kaum eine Chance. Die Fähigkeit, sich der Welt offen zuzuwenden, setzt einen guten emotionalen Grundzustand voraus. Freudige Gefühle sind „Türöffner" für neue Denkmöglichkeiten.

Glücklicherweise können Sie Ihren Grundzustand und damit ihre Laune selbst beeinflussen.

Wenn Sie Lust haben, können Sie dies mit einem kleinen Experiment überprüfen:

> *Setzten Sie sich gemütlich auf einen Stuhl. Nehmen Sie eine entspannte und aufrechte Körperhaltung ein, so als wären Sie extrem gut gelaunt. Lächeln Sie, atmen Sie ruhig und tief in den Bauch ein und entspannen Sie sich. Achten Sie hierbei besonders auf die Gesichtsmuskeln. Jetzt versuchen Sie, zu grübeln und negative Gedanken zu haben. Es wird Ihnen schwer fallen oder sogar unmöglich sein.*

Probieren Sie jetzt das Gegenteil aus. Stellen Sie sich vor, Sie seien richtig schlecht gelaunt und pessimistisch. Was passiert, wenn Sie jetzt versuchen, positiv zu denken?

Körper und Psyche beeinflussen sich nicht nur gegenseitig, sondern stellen eine Einheit dar. Jede Stimmung und jedes innere Erleben sind mit dazugehörigen Körperhaltungen verbunden.

Wie Sie sich bewegen, stehen oder wie Sie Ihre Schultern und Arme halten, hängt von Ihrer Stimmung ab.

Das können Sie sich zu Nutzen machen.

Wenn das Gehirn feststellt, dass Sie lächeln, dass also gewisse Muskeln aktiviert sind, erhält es die Information: „Es wird gelächelt, also herrscht gute Laune". Dadurch wird sich anschließend auch Ihre Laune verbessern.

Nachdem er in einem Buch etwas über den Zusammenhang zwischen der Körperhaltung und den Gedanken und Gefühlen gelesen hatte, beobachtete Herr V. dies auch bei sich selbst. Immer wenn er trübsinnig grüblerischen Gedanken nachhing, war er in einer etwas eingesunkenen Körperhaltung, ließ den Kopf etwas hängen und machte ein „trauriges Gesicht". Er nahm dann ganz bewusst eine andere Körperhaltung ein: Er richtete sich auf, atmete tief und ruhig in den Bauch und machte ein fröhliches Gesicht. Zu seinem Erstaunen veränderten sich seine Gefühle und passten sich seinem Verhalten an. Er fühlte sich tatkräftiger, seine Laune hatte sich verbessert.

Praxis im Anhang: „In einen guten Zustand kommen", Seite 159.

Oft überrollen uns Ereignisse. Bevor wir uns versehen, geraten wir unter Druck, reagieren vorschnell und landen in einem schlechtem Zustand. Versuchen Sie, eine Unterbrechung einzubauen und wieder in einen guten Zustand zu kommen, bevor Sie reagieren.

Dasselbe gilt vor schwierigen Situationen. Bevor Sie zu einer Konferenz gehen, ein Klassenzimmer betreten, das Gespräch mit dem Chef oder einem schwierigen Kunden haben, achten Sie darauf, in einem möglichst guten, kraftvollen Zustand zu sein.

Ringer und Karatekämpfer verwenden einen breiten und möglichst stabilen Stand, um nicht aus dem Gleichgewicht zu geraten. Dies ist die Basis für einen erfolgreichen „Kampf". Außerhalb des Kampfsports ist es ähnlich: Wenn wir in einem guten Zustand sind, haben wir einen sicheren Stand. Eine wichtige Voraussetzung, um bei Herausforderungen unser inneres Gleichgewicht zu wahren.

Während Situationen, die uns schwierig erscheinen, eine gründlichere Vorbereitung benötigen, reicht im Alltag oft eine Kleinigkeit:

So können Sie einmal tief und ruhig Luft holen, sich kurz konzentrieren und an eine vergleichbare Situation in der Vergangenheit denken, mit der Sie gut klargekommen sind.

Finden Sie Ihre ureigene Methode, die Sie in einen guten Zustand bringt. Denken Sie daran, dass eine ruhige und tiefe Atmung dabei stets hilfreich ist.

Pausen einrichten

Mit Pausen können Grübeltrancen unterbrochen und der Wechsel in eine andere Stimmung eingeleitet werden.

Gerade komme ich von einer Pause zurück und sitze wieder am Schreibtisch. Vor dieser Pause hing ich etwas fest und die Gedanken kamen nicht mehr so richtig. Mit frischer Energie, neuen Gedanken und ausgeruht kann ich jetzt weiterarbeiten. Ich hatte das Glück, bei gutem Wetter eine Stunde mit dem Fahrrad herumfahren zu können. Es hat Spaß gemacht, aber die Freude ist nur ein Grund, warum mir diese Fahrt wichtig war. Ich konnte die Arbeit unterbrechen und vermied damit, dass ich an den Punkt kam, wo es zäh und damit uneffektiv und freudlos wird. Die körperliche Bewegung war ein erfrischender Ausgleich zum langen Sitzen am Computer, im Gehirn wurden Botenstoffe freigesetzt, die meine Stimmung verbesserten. Sauerstoff regte das Denken an und Hormone machten mich wieder wach und fit. Die Augen entspannten sich wieder und ich konnte mich danach besser konzentrieren und erfolgreicher arbeiten.

Während der Fahrt hatte ich noch einige gute Ideen, die scheinbar ganz von alleine kamen.

Natürlich ist es nicht immer möglich, solch schöne Pausen zu machen, aber auch kleine Unterbrechungen sind hilfreich. Einfach mal zwischendurch kurz abschalten.

Besonders bei langandauernden geistigen Beschäftigungen mit schwierigen Themen ist die Gefahr ins Grübeln zu geraten recht groß. Wenn es irgendwann nicht mehr so richtig weitergeht, kommt schnell die Frage auf: „Schaffe ich das alles überhaupt?" „Kommen noch gute Gedanken?" Jetzt kann eine typische Problemtrance entstehen, die zu einer geistigen wie körperlichen Stagnation führt. Eine Pause unterbricht diesen Prozess.

Sie kommen zwischendurch auf andere Gedanken und zur Ruhe, wenn Sie Ihren Tag und die Arbeit durch Erholungsphasen unterteilen. Dafür reichen oft wenige Minuten oder Sekunden.

Damit vermeiden Sie einen Zustand von ununterbrochener Betriebsamkeit und Anspannung.

Auch kleine Pausen zwischen verschiedenen Tätigkeiten strukturieren unseren Tag und schaffen mehr Aufmerksamkeit für die einzelnen Beschäftigungen. Das wirkt entstressend und bringt uns in einen besseren Zustand, dadurch sind wir dann nicht mehr so anfällig fürs Grübeln.

Manchmal reicht es, kurz aufzustehen und sich etwas zu bewegen. Vielleicht noch ein Blick aus dem Fenster und einmal tief durchatmen. Eine Tätigkeit **bewusst** abschließen, bevor Sie mit der Nächsten anfangen. **Dieser Vorgang ist wichtiger, als die Länge der Pause.** Meist reicht es, wenn Sie sich einfach ein wenig im Raum bewegen, ausstrecken und tief durchatmen.

Durch die folgenden kleinen Pausenübungen können Sie die Wirkung bei Bedarf noch steigern. Einige dieser Übungen dienen der Integration Ihrer beiden Gehirnhälften und verbessern damit deren Zusammenarbeit.

- **Liegende Acht:** Stehen Sie aufrecht im Raum und blicken geradeaus. Stellen Sie sich vor, an der Nasenspitze befände sich ein langer Pinsel. Mit diesem Pinsel malen Sie langsam große liegende Achten an die Wand. Zuerst einige Male rechts herum, dann einige Male links herum
- **Gesicht lockern:** Bewegen Sie sich durch den Raum schneiden Sie Grimassen, um die Verspannungen im Gesicht zu lösen und massieren Sie Ihr Gesicht und Ihren Kopf.
- **Äpfel pflücken:** Gehen Sie durch den Raum, als ob Sie Äpfel pflücken würden. Strecken Sie sich dabei bis zur Decke. Wenn Sie mit dem rechten Arm pflücken, dann strecken Sie sich über das linke Bein. Anschließend machen Sie diese Bewegungen noch einige Male, indem Sie die Seiten wechseln.
- **Augenrollen:** Halten Sie Ihren Kopf ruhig und bewegen Sie Ihre Augen in alle erdenklichen Positionen: kreisen lassen, eine liegende Acht machen, kreuz und quer von oben links nach unter rechts usw. Dadurch integrieren Sie die verschiedenen Verarbeitungssysteme Ihres Gehirns und können innere Blockaden auflösen.

Wenn die Umstände es nicht anders zulassen, können Sie einen Grund (er)finden, um sich etwas Bewegung zu verschaffen. Kleine Pausen und Entspannungsübungen können Sie auch „heimlich" im Geiste durchführen, das wirkt auch!

Feste Pausenzeiten können hilfreich für Sie sein. Das heißt Pausen zu bestimmten Uhrzeiten oder wenn bestimmte Tätigkeiten abgeschlossen sind. Vielleicht eine kurze Unterbrechungspause, bevor die Kinder nach Hause kommen. Manchmal sind auch Riten zur Pausengestaltung sinnvoll. Diese signalisieren: „Jetzt ist Pause und Zeit zur Entspannung!". Sie können sich dann in einen speziellen Sessel setzen, ein Glas Wasser, einen Kaffee oder Tee trinken oder ein sonstiges kleines Wohlfühlprogramm starten. Aufkommende Grübeltrancen werden so unterbrochen.

3. Einfluss auf die Gedanken nehmen

Im vorangegangenen Teil des Buches stellte ich Ihnen verschiedene Möglichkeiten vor, wie Sie Abstand zu grüblerischen Gedanken gewinnen können. Vielleicht reicht dies schon aus, um in Zukunft häufiger nicht ins Grübeln einzusteigen oder einen schnelleren Ausstieg aus negativen Gedankenspiralen zu finden.

Vorhandene Probleme bleiben dabei bestehen, diese bedrängen Sie aus der Entfernung nur weniger. In diesem Kapitel werde ich mich damit beschäftigen, wie Sie auf die Inhalte Ihrer Gedanken Einfluss nehmen können.

Ob etwas für Sie ein Problem ist oder keines, ob es ein kleines oder ein großes ist, hängt oft von der Sichtweise ab, dem Umgang mit den Gedanken und dem Erleben der eigenen Situation.

„Verbringe nicht die Zeit mit der Suche nach einem Hindernis, vielleicht ist keins da."

(Franz Kafka)

Jim Knopf und Lukas der Lokomotivführer begegnen im Laufe ihrer Reisen dem Scheinriesen Herr Thur-Thur, der sich bei näherem Hinsehen als ein kleines harmloses Männchen entpuppte. Dieser Herr Thur-Thur, der Angst und Schrecken verbreitete, war selbst recht ängstlich.

Wie das Gehirn die Gedanken verarbeitet

Grübeln bedeutet, dass die Gedanken nicht mehr frei fließen. Sie kreisen um bestimmte Themen und bedrängen uns. Schnell geraten Sie in alte, vorgefertigte Bahnen, engen unseren Blickwinkel ein und beschränken unsere Verhaltensmöglichkeiten.

Unsere Gedanken sind keine rein geistigen Vorgänge, sondern existieren im Gehirn als handfeste chemische und elektrische Vorgänge. Damit Sie einen Eindruck bekommen, was dort passiert und wie sich die Grübelgedanken verfestigen, möchte ich einen kleinen Exkurs zur Gehirnforschung machen.

All unsere Gedanken, Tätigkeiten, Gefühle usw. werden im Gehirn verarbeitet und dort gesteuert. Das Gehirn besteht aus Milliarden von Nervenzellen, den Neuronen, die durch Verbindungen, die Synapsen, miteinander verknüpft sind. Diese Verbindungen entstehen durch unsere Gehirntätigkeit. Sie bilden ein komplexes, weitverzweigtes System, die neuronalen Netze. Diese haben Billionen verschiedene Schaltungen.

Wenn Sie beispielsweise vor einer Situation Angst haben, arbeiten gewisse Neuronen zusammen. Fühlen Sie sich aber furchtlos, gibt es zwischen ganz anderen Neuronen Verbindungen. Nun verhält sich unser Gehirn ganz menschlich und geht gerne bekannte und erprobte Wege. Das macht auch sehr viel Sinn, denn sonst müssten wir ständig alles in Frage stellen und selbst Kleinigkeiten des Alltags dauernd aufs Neue entscheiden. Neue Ideen und verändertes Handeln hingegen lassen neuartige Wege im Gehirn entstehen. Damit gibt es auch mehr Handlungs- und Entscheidungsmöglichkeiten.

„Unser Kopf ist rund, damit das Denken die Richtung wechseln kann."

(Francis Picabia)

Unser Denken, Fühlen und Handeln hinterlässt also Spuren im Gehirn, so wie umgekehrt unser Gehirn unsere Emotionen und unser Verhalten steuert. Es werden, bildlich gesprochen, Bahnen und Straßen angelegt, die dann bestimmen, wie die Gedanken laufen und welche Möglichkeiten zur Verfügung stehen, wenn wir gedanklich an einer Kreuzung ankommen. Das Gehirn greift nicht nur gerne auf vorhandene Wege zurück, sondern baut diese durch verstärkte Nutzung sogar noch weiter aus. Die Hauptwege sind dann noch bekannter und eingefahrener und werden deshalb in Zukunft wiederum bevorzugt verwendet, weil sie besser ausgebaut sind. Denkstrukturen bedingen und verstärken sich also rein biologisch selbst. Bei Bedarf und entsprechender Anforderung entstehen aber durchaus neue Verbindungen.

Nehmen wir einmal an, es hat sich ein sehr gespanntes Verhältnis zu einem Ihrer Kollegen entwickelt. Immer wenn Sie auf ihn treffen, bekommen Sie ein mulmiges Gefühl und Ihr Magen krampft sich zusammen. Wenn Ihr Gehirn das Signal erhält: „Kollege X kommt!", setzt es diese automatisierte Reaktion in Gang.

Es wird Ihnen wenig nützen, wenn Sie sich vorzunehmen: „Beim nächsten Zusammentreffen bin ich ganz locker und entspannt." In der stressigen Situation selbst werden Sie auf Ihr gewohntes und damit auch erprobtes angstvolles Verhaltensmuster zurückgreifen. Im Gehirn gibt es in solchen Augenblicken kaum Möglichkeiten, neue Verbindungswege anzulegen. Damit bleiben Ihnen auch neue Fühl- und Verhaltensmuster versperrt.

Es gibt jedoch Möglichkeiten, neuartige Pfade im Gehirn anzulegen, geeignete Methoden dazu möchte ich Ihnen in den folgenden Kapiteln vorstellen.

Visualisierungen positiv nutzen

Sie erreichen Ihren Urlaubsort, auf den Sie sich sehr gefreut haben, und erleben dort eine herbe Enttäuschung: „Hier sieht es ja ganz anders aus!" Anders als was? Anders als die inneren Bilder, die Sie sich aus Erzählungen von Freunden selbst gemacht haben.

Wie entstanden diese konkreten Bilder in Ihrem Kopf?

Wir erleben und erfahren unsere Umwelt durch unsere fünf Sinne. Wir sehen und hören etwas, haben Körperempfindungen und nehmen Gerüche und Geschmacksrichtungen wahr.

Wir erhalten nicht nur all unsere Informationen durch diese Sinneskanäle, sondern speichern auch unsere Erinnerungen in ihnen ab. Wir denken und erinnern uns in Bildern, Geräuschen usw.

Ihren Urlaubsort „kannten" Sie nur aus Berichten Ihrer Freunde. Alles, was Sie über ihn hörten, verwandelten Sie in konkrete Bilder, die Sie in Ihr Gedächtnis aufnahmen. Sie erhielten beispielsweise die Information: „Der Ort hat einen netten Hafen". Aus dieser allgemeinen Aussage entstand vor Ihrem inneren Auge **ein sehr konkretes** Bild eines Hafens, der natürlich mit dem in den Erzählungen nichts zu tun hatte. Mit der unbewussten Erwartung, genau diesen, schon „gesehenen" Hafen vorzufinden, fuhren Sie dann in Urlaub. Bei Ihrer Ankunft konnten Sie den Hafen nicht mehr „neutral" betrachten, sondern mussten enttäuscht sein, weil Sie etwas anderes als Ihr Wunschbild vorfanden.

Wahrscheinlich sind Ihnen schon weitere dieser Phänomene begegnet, als Sie Bücher lasen oder Hörspiele hörten. Manchmal passt auch ein Geruch oder Geschmack nicht zu unseren Erwartungen. Verfilmungen von Romanen enttäuschen uns deshalb so oft, weil sie dem „eigenen" Film nicht entsprechen, der beim Lesen eines Buches in unserem „Kopfkino" entstanden ist.

Wie können wir uns diese Fähigkeit zur Imagination zunutze machen? Die amerikanischen Therapeuten A. und C. Lazarus erzählen dazu die folgende kleine Geschichte:

Zwei Männer haben die gleichen Fähigkeiten, dieselbe Ausbildung und identische Ideen und Ziele. Erstaunlicherweise sind Sie doch unterschiedlich erfolgreich im Leben. Die Erklärung hierfür findet sich in den unterschiedlichen Methoden, mit denen die beiden ihre Ziele anstreben. Während der eine nur abstrakte Ideen seines Ziels entwickelt, sieht der andere sehr klare Bilder vor sich, von dem, was er erreichen will und wie er es genau umsetzen wird. Er visualisiert seine Ziele.

Der Mann, der seine Ziele in einer positiven Weise visualisiert, erlebt dadurch zukünftige Situationen schon mental im Voraus. Damit schafft er entsprechende neuartige Verbindungen im Gehirn, durch eine neue Verknüpfung zwischen Neuronen.

Im Gehirn ist der Weg jetzt schon einmal gegangen worden. Wenn es darum geht, ein Ziel umzusetzen, kann dieser neue Weg nun erfolgreich benutzt werden.

Viele erfolgreiche Sportler arbeiten mit Visualisierungen. Sie stellen sich jede ihrer Bewegungen konkret vor. Skifahrer rasen vorher im Geiste die Piste herunter und üben jede ihrer Bewegungen schon einmal. Auch Michael Schumacher bereitet sich so auf seine Rennen vor. Gerade im Führungsbereich der Wirtschaft haben Menschen diese Technik übernommen, um schwierige Situationen zu meistern, sei es ein heikles Gespräch oder eine harte Verhandlungsrunde.

Zurück zu dem Kollegen aus dem vorhergehenden Kapitel, zu dem ein angespanntes Verhältnis besteht. Wenn Sie eine Begegnung mit ihm visualisieren, bei der Sie vollkommen ruhig und entspannt bleiben, kann das nächste Zusammentreffen entspannter verlaufen.

Wenn in der entscheidenden Situation dann die Information: „Kollege X kommt!" im Gehirn ankommt, haben Sie zwei Reaktionsmöglichkeiten: „ängstlich und gestresst" oder als Alternative „entspannt und locker". Beide „neuronalen Wege" sind jetzt im Gehirn angelegt und gangbar, wenn auch der neue Pfad noch etwas Ausbau braucht.

Sämtliche im Buch vorgestellten Techniken wenden Sie heute in Ihrem Alltag in der einen oder anderen Form schon an. Da Sie dies in der Regel unbewusst tun werden, haben Sie keinen Einfluss auf die Ergebnisse und überlassen diese dem Zufall. Wenn Sie sich etwas mit diesen Methoden vertraut machen, können Sie sie vermehrt zu Ihrem Nutzen bewusst einsetzen.

Beim Visualisieren laufen eine Menge komplexer Vorgänge in Ihrem Körper ab. Wenn Sie sich vorstellten, Sie säßen gemütlich an einem Palmenstrand und schleckten ein Eis, können Sie diese Vorstellung so weit treiben, dass Sie den Geschmack des Eises auf der Zunge und die Wärme der Sonne auf der Haut spüren und sich rundherum wohl fühlen.
➤ Das Gehirn wird angeregt, Bilder zu produzieren.
➤ Diese Bilder lösen Stoffwechselreaktionen aus.
➤ Das vegetative Nervensystem steuert die Hormonproduktion.
➤ Hormone und ähnliche Stoffe werden ausgeschüttet und beeinflussen die Befindlichkeit.
➤ Das Gehirn wird angeregt, möglichst viele Regionen mit einzubeziehen, und erhöht damit die Denk- und Wahrnehmungskapazität.
➤ Linke und rechte Gehirnhälfte arbeiten zusammen.
  aus: Weigel, Wolf, Stress positiv meistern (Leipzig, Jena, Berlin 1997).

All diese Systeme in Ihrem Körper bilden eine Einheit und befinden sich in einem andauernden Rückkopplungsprozess.

Die Fähigkeit zu visualisieren an sich wirkt sich nicht unbedingt positiv aus, sondern ist erst einmal wertneutral. Natürlich ist es auch möglich, Schreckensbilder zu visualisieren. Sie können aber Ihre Denkrichtung selber bestimmen, indem Sie mit positiven Visualisierungen arbeiten.

Grübeln findet im Gehirn mit Hilfe von Phantasien, Denkvorgängen, Imaginationen und Erinnerungen statt. Denkstrukturen und neuronale Wege werden benutzt und verfestigt. Genau auf dieser Ebene des Grübelns müssen die Veränderungen stattfinden. Alle Probleme können am besten dort behoben werden, wo sie entstehen und wo sie sich manifestieren.

Der Schlüssel zu Veränderungen liegt in Ihren Denkstrukturen.

Die Antwort auf das Grübeln heißt: anders denken.

Wer mit dem Magen Probleme hat, weil er gewisse Nahrung nicht verträgt, dem wird der Arzt nicht sagen: „Essen Sie gar nichts mehr!" sondern: „ Essen Sie das Richtige, das Ihnen bekommt!" Ein vernünftiger Arzt wird dann auch keine globalen Ernährungstipps abgeben, sondern seinem Patienten eine maßgeschneiderte Ernährung empfehlen.

Den Blick weiten

Vielleicht kommt Ihnen die folgende Situation bekannt vor: Sie gehen spazieren und entdecken eine Pflanze, die Ihnen völlig unbekannt ist. Sie betrachten sie genauer. Ihre Begleitung ist sehr erstaunt darüber: „Die ist doch gar nicht selten". Zu Ihrer Überraschung stellen Sie in der nächsten Zeit fest, dass Sie diese Pflanze jetzt häufig sehen. Sie haben sie bisher einfach nicht wahrgenommen. Statt einer Pflanze könnte es sich

natürlich auch um eine Reklame, ein nettes Restaurant, eine Biersorte oder um blaue Stellen am Himmel handeln.
Um in unserer komplexen Welt zurechtzukommen, schirmen wir uns im Alltag von überflüssig erscheinenden Informationen ab. Wir sehen nur, was wir sehen wollen und was uns wichtig erscheint. Wir setzen diesen natürlichen Schutzmechanismus vollkommen unbewusst ein.

Wie entsteht unsere selektive Wahrnehmung der Welt?
Dazu möchte ich Sie mit einem kleinen Exkurs in die Welt unserer Gedanken führen.

Wir wären total überfordert, wenn alle von der Umwelt erhältlichen Informationen und Reize ungefiltert ins Gehirn gelangen würden. Schon unsere Vorfahren benötigten einen Schutzfilter, bei der heutigen Informationsflut wäre die Reizüberflutung unvorstellbar groß. Deshalb werden von der „Zensurabteilung" des Gehirns, die unabhängig von unserem rationalen Bewusstsein arbeitet, alle Informationen in wichtige und unwichtige eingeteilt. Die „Unwichtigen" gelangen erst gar nicht in unser Bewusstsein. Sie werden direkt abgeblockt oder in einer abgelegenen Ecke des Gedächtnisses abgespeichert.

Wir haben in unserem Leben ein individuelles, hochkomplexes System entwickelt, Informationen zu bewerten und einzuordnen.
Beispielsweise in:
angenehm – unangenehm
wichtig – unwichtig
lecker – ekelhaft

Schon der Säugling, der anfängt, die Welt zu erkunden, beginnt damit. Er fügt Informationen, die für ihn zuerst zusammenhanglos sind, zu einem immer vollständigerem Bild zusammen.

Aus seinen Erfahrungen zieht er Rückschlüsse auf zukünftige Ereignisse und versucht, sich ein möglichst genaues Bild seiner Umwelt zu machen. Er teilt seine Erfahrungen in angenehm und unangenehm ein und bewertet sie damit. Er macht sich eine Art „mentale Landkarte" von der Welt, nach der er sich zu orientieren versucht. Anfangs haben kleinere Kinder noch ein sehr eingeschränktes Weltbild und alles, was dieser mühsam erworbenen Ordnung widerspricht, verunsichert sie schnell. Als mein älterer Sohn circa zwei Jahre alt war, trug ich einmal im Urlaub abends den Pullover meiner Frau. Mein Sohn war darüber vollkommen außer sich und bestand beharrlich darauf, dass es der Pullover meiner Frau sei und ich ihn deshalb nicht tragen solle.

Im Laufe unserer Entwicklung werden unsere Weltkarten immer komplexer und ausgefeilter. Dennoch bleiben es nur Abbilder und Erklärungsmodelle der echten Welt, die wir in ihrer Komplexität gar nicht vollständig erfassen können. Unvorstellbare Mengen an Informationen sind verfügbar und nur zum Bruchteil für jeden Einzelnen zu verarbeiten.

Da jeder Mensch individuelle Erfahrungen macht und verschiedene Informationen erhält, die sein Weltbild formen, geht auch jeder mit einer ganz eigenen inneren Landkarte durchs Leben. Wir alle leben in derselben Welt, aber unsere „Karten" unterscheiden sich, weil wir die Welt auf unsere eigene Art interpretieren.

Menschen, mit denen wir uns auf Anhieb prächtig verstehen, die dieselbe Wellenlänge haben und bei denen „die Chemie" stimmt, haben ähnliche Weltbilder wie wir selbst.

Die Landkarten, die wir beim Autofahren, auf der Urlaubsreise oder bei einer Wanderung verwenden, sind auch nur Abbilder unserer Umwelt und geben uns Orientierung. Sie sind auf die Erfordernisse der Benutzer zugeschnitten. Eine Wanderkarte zeigt etwas anderes als eine Straßenkarte desselben Gebietes. Die eine ist nicht richtiger als

> *die andere. Auch unsere "mentale Landkarte" zeigt nicht die Welt an sich, sondern ist unser Erklärungsmodell der Welt. Wir haben dies aus guten Gründen so geschaffen, glauben daran und vertreten es auch nach außen.*
>
> *Wer sich schon einmal geärgert hat, weil auf seiner veralteten Karte eine neue Straße nicht verzeichnet war, weiß, wie wichtig es ist, Karten immer wieder zu aktualisieren.*
>
> *Auch unsere mentalen Landkarten veralten und müssen mit der Zeit aufgefrischt und angepasst werden.*

Die grundsätzlich nützliche Einordnung der Informationen in wichtige und unrelevante hat aber auch eine Kehrseite. Wir können kaum etwas in unserem Leben wirklich unvoreingenommen betrachten. Wir haben neuen Ideen und Sichtweisen gegenüber grundsätzlich nur eine sehr begrenzte Offenheit. Der Grad unserer Offenheit ist auch von unserem Zustand und der Situation abhängig.

Grübeln ist eine Art zu Denken, die besonders in alten Strukturen festhängt. Es werden oft veraltete Landkarten verwendet und Wege beschritten, die uns nicht mehr zum Ziel führen. Je weniger wir uns in der wirklichen Landschaft umsehen, umso schlechter kommen wir mit den Anforderungen des Lebens zurecht. Dies kann dann noch ein Grund mehr sein, an den alten Landkarten festzuklammern, die immerhin bekannt sind und Sicherheit versprechen.

In der Extremform entsteht ein Tunnelblick. Wie in einer langen Röhre können wir weder links noch rechts schauen, sondern starren starr geradeaus. Dies ist durchaus auch eine Angstreaktion und dient der Selbstsicherung vor (scheinbar) unüberschaubaren Strukturen.

Der Tunnelblick half unseren Vorfahren in der Steinzeit, sich in Gefahrensituationen auf das Wesentliche zu konzentrieren. Heute benötigen wir diese Eigenschaft selten. Sich bei wichtigen Arbeiten konzentrieren und die Welt um sich herum völlig vergessen zu können, ist auch ein Tunnelblick. Er ermöglicht es, ohne störende Ablenkung intensiv und schnell zu arbeiten.

Wenn dieser eingeengte Blick zum Dauerzustand wird, erleben wir die negativen Aspekte dieser eingeschränkten Weltsicht. Die Offenheit für alle anderen Ereignisse in der Umgebung schwindet. Es besteht die Gefahr, geistig starr zu werden und andere Gesichtspunkte nicht mehr berücksichtigen zu können. Schnell bleibt dann ein sorgenvoller Blick an den negativen Aspekten des Lebens hängen.

Mit Aufmerksamkeit bezeichne ich den positiven Gegenpol des Tunnelblicks. Es bedeutet: mit einem möglichst offenen und weiten Blick durch das Leben gehen und damit auch Veränderungen und dem Neuen gegenüber aufgeschlossen zu sein. Es bedeutet auch: im Augenblick zu leben und sich darauf zu konzentrieren. Schon damit steht Aufmerksamkeit im Gegensatz zum Grübeln, das sich in der Regel mit Zukünftigem oder Vergangenem beschäftigt.

Durch eine erhöhte Aufmerksamkeit werden Sie frühzeitiger merken, wenn Sie ins Grübeln geraten oder sich stressen. Sie können dem dann rechtzeitig etwas entgegensetzen. Wie Sie Ihre Aufmerksamkeit schärfen können, möchte ich im nächsten Kapitel zeigen.

Achtsame Konzentration auf den Augenblick

David Fontana erzählt in seinem Buch *Mit dem Stress leben* die folgende Geschichte:

Vor langer Zeit stürzte ein Ureinwohner auf der Flucht vor einem Tiger über den Rand einer Schlucht. Er schaffte es, sich an einem Busch festzuhalten. Seine Lage war vollkom-

men aussichtslos. Fremde Hilfe war ausgeschlossen. Seine Kräfte würden ihn bald verlassen und der Absturz den sicheren Tod bringen. Da sah er, dass ein Strauch mit leckeren Beeren in greifbarer Nähe wuchs. Er streckte seinen freien Arm aus und verspeiste genüsslich einige der Früchte und erfreute sich an ihrem herrlichen Geschmack. Er schaffte es, sich vollkommen auf den Augenblick zu konzentrieren und diesen zu genießen. Er behielt seine Aufmerksamkeit für seine Umgebung und die noch vorhandenen positiven Aspekte des Lebens, obwohl ihm bewusst war, dass er kurz darauf abstürzen würde.

Diese Geschichte verdeutlicht anhand eines „Extrembeispiels" einen wichtigen Aspekt, dem wir auch im normalen Alltag begegnen. In Zeiten, die durch hohes Tempo, viel Arbeit oder andere belastende Lebensumstände geprägt sind, fehlt oft der Blick für die angenehmen Seiten des Lebens. Oft haben wir dann das Gefühl, dass etwas Schönes jetzt gar nicht ins Leben hineinpasst. Aus dem Genuss auch „kleiner Lichtblicke" können wir jedoch viel Kraft schöpfen.

Manchmal nehmen wir ein leckeres Essen nicht richtig wahr und sind mit den Gedanken woanders, ein schöner Film läuft an uns vorbei, weil wir mit den Gedanken in „einem anderen Film" sind. Bei einem Spaziergang sehen wir nicht, was die Natur an Schönheit zu bieten hat.

Mit einer erhöhten Aufmerksamkeit oder auch Achtsamkeit, wie es der bekannte vietnamesische Mönch Tich Nath Hanh nennt, verändert sich unser Blick auf den Alltag.

Achtsamkeit ist eine Aufmerksamkeit sich selbst, anderen Menschen und der Umwelt gegenüber. Sie ermöglicht es, auch die eigenen Bedürfnisse besser wahrzunehmen. Dies kann dazu führen, das sich Werte verschieben:
➤ Brauche ich wirklich, was die Werbung anpreist?
➤ Was ist mir für mich persönlich wichtig?
➤ Welche ungenutzten Fähigkeiten habe ich?

Ein „weniger ist mehr" kann zu einer Entlastung und zu weniger Leistungsstress führen.

Achtsamkeit bietet die Chance, einmal nicht nach „Landkarte" zu fahren, sondern einen Blick in die Umgebung zu werfen. In einer aufmerksamen Haltung bewerten Sie nicht, sondern schauen auf das, was „ist", was sie sehen, hören und spüren. Ein geweiteter Blick eröffnet Ihnen neue Perspektiven. In einer Problemtrance ist das bekannte zur Hälfte gefüllte Glas schon halb leer. Für den Geschmack des verbliebenen Restes sind wir nicht mehr offen.

Wenn Sie Ihre Aufmerksamkeit schulen möchten, können Sie hin und wieder Ihre Tätigkeiten unterbrechen und sich mit voller Konzentration Ihrer Wahrnehmung zuwenden.
➤ Nehmen Sie intensiv wahr, was Sie sehen.
➤ Schmecken Sie beim Essen mit Aufmerksamkeit.
➤ Konzentrieren Sie sich auf Ihr Gehör.
➤ Erspüren Sie Ihre Körperempfindungen.
➤ Riechen Sie etwas?

Wenn Sie bereit sind, ein kleines Experiment zu machen, dann erinnern Sie sich an eine schöne Situation, vielleicht in einen Urlaub. Versuchen Sie nun, **gleichzeitig** an die Situation zu denken, in der Sie das letzte Mal gegrübelt haben. Wundern Sie sich nicht, wenn Ihnen das nicht gelingt. Es ist völlig normal, denn Sie können in der Regel nur einen Gedanken auf einmal denken.

In vielen Meditationstechniken wird die Aufmerksamkeit gezielt auf einen einzigen Gedanken oder Gegenstand gelenkt. Dadurch werden als störend empfundene Gedanken ferngehalten.

Wenn Gedanken auftauchen, wird geraten, sie locker vorbeiziehen zu lassen, ohne sie besonders zu beachten.

Die Gedanken wie eine „Horde wilder Affen" an sich vorbeiziehen lassen

(Metapher aus Asien)

Unsere Gedanken kehren schnell zu den Dingen zurück, mit denen wir uns zur Zeit stark beschäftigen. Sorgen sind damit ein bevorzugter Andockplatz für herumschweifende Gedanken. Dies führt nicht nur leicht ins Grübeln, auch die Konzentration auf die gerade verrichtete Tätigkeit wird gestört oder unterbunden. Schnell „leben" wir dann in der Zukunft oder der Vergangenheit, aber nicht mehr in der Gegenwart.

Wenn Sie Ihre Aufmerksamkeit ausschließlich auf den Augenblick richten, dann ist dort kein Raum mehr fürs Grübeln.

Um diese Konzentration zu erreichen, stellt David Fontana die folgende interessante Methode vor:

Praxis: *Der Kommentator*

Störende Grübelgedanken können Sie verbannen, indem Sie sich innerlich immer wieder selbst laut vorsagen, was Sie gerade tun. So wie ein Radioreporter bei einem Fußballspiel, der ständig über das Geschehen auf dem Spielfeld berichtet und möglichst alle Ereignisse kommentiert.

Sie erwähnen jeden Ihrer Handgriffe und jeden Ihrer Blicke mit einem nie abreißenden inneren Redeschwall.

Wenn Sie beispielsweise aufräumen, könnte das so aussehen:
- ➤ *Ich nehme das Buch und lege es ins Regal.*
- ➤ *Ich sortiere meine Papiere.*
- ➤ *Ich räume sie fort.*
- ➤ *Ich sichte die Post.*
- ➤ *usw.*

> *Dies wird nicht ohne Einfluss auf Ihr Erleben und Ihre Wahrnehmung bleiben, da Sie dabei vollkommen bei dem sind, was Sie gerade tun.*

Fontana wurde zu dieser Idee wahrscheinlich durch Mantras angeregt, die in der indischen Meditationstechnik eingesetzt werden. Es handelt sich dabei um Sanskritwörter aus den Veden, den heiligen Schriften der Hindus. Diese werden in einer endlosen Schleife leise oder laut aufgesagt. Mantras sind gleichzeitig ein Gebet und eine Methode, störende Gedanken fernzuhalten. Auch in der christlichen Tradition und anderen Religionen gibt es ähnliche Gebetstechniken wie beispielsweise das Beten des Rosenkranzes.

Mit einer erhöhten Aufmerksamkeit verbessern Sie Ihre Chancen, eine Grübelfalle rechtzeitig zu entdecken. Damit Sie für das nächste Mal besser gewappnet sind, können Sie anschließend Revue passieren lassen, wie Sie in die Grübelfalle gerieten:
➤ Was waren die konkreten Auslöser?
➤ Wo befanden Sie sich?
➤ Was taten Sie gerade?
➤ Wie war Ihre Stimmung?
➤ An was dachten Sie?

Dies wird Ihnen helfen, Ihre persönlichen „Grübelauslöser" zu finden und beim nächsten Mal den beginnenden Kreislauf früher zu stoppen.

Sehen Sie dies als einen Prozess an, der zu Ihren Gunsten läuft. Sie müssen dabei nicht perfekt sein und nichts leisten.

Folgende Fragen helfen Ihnen dabei:
➤ Zu welchem Zeitpunkt unterbreche ich es beim nächsten Mal?

➤ Woran erkenne ich diesen Zeitpunkt rechtzeitig?
➤ Was werde ich das nächste Mal anders machen?

Es kann hilfreich sein, sich dies niederzuschreiben. Vielleicht nützt Ihnen auch ein „Grübeltagebuch". Damit kommen Sie vielleicht den Auslösern noch besser auf die Spur. Achten Sie darauf, in diesem Tagebuch auch Ihre Erfolge festzuhalten. Wenn Sie zunehmend weniger problemorientierte Gedankengänge haben, sollten Sie diesen Erfolg anerkennen. Notieren Sie auch grübelfreie Zeiten und Momente, in denen Sie sich wirklich wohl gefühlt haben. Was machen Sie in diesen Zeiten anders? Welche Bedingungen brauchen Sie dafür?

Abschließend möchte ich Ihnen noch ein paar kleine Übungen vorstellen, mit denen Sie Ihre Aufmerksamkeit verbessern können.

➤ **Was tun Sie gerade?** Konzentrieren Sie sich hin und wieder auf das, was Sie momentan tun und nehmen Sie es bewusst wahr.
➤ **Was passiert um Sie herum?** Richten Sie Ihre Aufmerksamkeit auf das Schöne in Ihrer Umgebung. In der Hektik des Alltags schränken wir unsere Wahrnehmung oft ein. Wie ist das Wetter? Scheint die Sonne? Gibt es etwas Angenehmes zu hören? Was kann Ihr Auge und Sie erfreuen?
➤ **Objekte betrachten:** Nehmen Sie sich einen Augenblick Zeit und betrachten Sie beliebige Objekte in Ihrer Umgebung. Was ist Ihnen daran noch nie aufgefallen? Kann für Sie noch mehr dahinter stecken, als das Auge sieht?
➤ **Peripheres Wahrnehmen:** Im zentralen Bereich unseres Sehfeldes nehmen wir alles recht deutlich wahr, aber wir beschränken uns in der Regel auf diesen Ausschnitt unseres Blickes. Achten Sie darauf, was Sie aus Ihren Augenwinkeln wahrnehmen, was noch um Sie herum geschieht. Welche „Nebengeräusche" können Sie hören?
➤ **Veränderungen erleben:** Machen Sie mal zwischendurch

irgendetwas anderes als sonst. Verändern Sie irgendetwas an Ihren Gewohnheiten und beobachten Sie, wie es Ihnen damit geht.
➤ **Momentaufnahme:** Wenn sie einen Raum betreten, halten Sie einen Moment inne und schauen Sie sich einen kleinen Augenblick um, nehmen Sie dabei alles, was Sie sehen, sehr bewusst wahr.
➤ **Bewusstes Wahrnehmen:** Schenken Sie allen Lebensbereichen die gleiche Aufmerksamkeit. Sehen sie beispielsweise die Wartezeiten oder die Fahrt zur Arbeit nicht mehr als „verlorene Zeit" an, sondern als integraler Bestandteil Ihres Lebens.

Die Perspektive wechseln

Sie sitzen in einem Café und sind in Ihre Lektüre vertieft. Plötzlich legt sich eine Hand auf Ihre Schulter. Sie erschrecken fürchterlich und zucken zusammen. Ihr Magen verkrampft sich etwas und Ihr Puls wird schneller. Sie drehen sich blitzschnell um und erblicken eine gute Freundin oder einen guten Freund. Sofort verändert sich Ihr Gefühl. Sie entspannen sich, Ihr Puls normalisiert sich und Sie empfinden Freude: „Ach, du bist das."

Die plötzliche, unerwartete Berührung Ihrer Schulter verursachte ein Erschrecken, das Gefühl einer möglichen Bedrohung. Danach lief eine automatische Stressreaktion ab.

Der Anblick des vertrauten Menschen hingegen führte zu einer vollkommen anderen Bewertung der Situation und dadurch zu einer kompletten Veränderung der Gefühle.

Aus der Bedrohung wurde ein freudiges Wiedersehen.

Als mein jüngerer Sohn gerade das Fahrradfahren gelernt hatte, fuhr er schon den täglichen Weg zum Kindergarten. Anfangs radelte er noch recht unsicher und stürzte häufiger. Zu unserer Verwunderung rief er dann strahlend aus: „Da habe ich aber Glück gehabt! Ich hätte mir den Arm brechen können!" Diese Sichtweise ließ die negativen Aspekte des Sturzes im Hintergrund verblassen.

Ein passionierter und erfahrener Segler, der ein risikofreudiger Mensch ist, lädt einen Freund zu einem Segeltörn ein. Dieser ist nicht nur eine richtige Landratte, er neigt auch zu einem vorsichtigen Verhalten. Sie segeln zuerst bei mäßigem Wind. Der Segler ist etwas gelangweilt, seinem Freund gefällt es sehr gut. Zur Freude des Segler frischt der Wind später kräftig auf und für ihn beginnt der Spaß. Sein Freund hingegen bekommt es mit der Angst zu tun ...

Nicht die Dinge selbst beunruhigen die Menschen, sondern die Vorstellungen von den Dingen.

Dies stellte der Philosoph Epiktet schon vor fast zweitausend Jahren fest. Unsere Gefühle werden zwar durch reale Situationen ausgelöst, aber die individuelle Bewertung des Geschehens hat oft einen wesentlich größeren Einfluss auf uns, als die Situation selbst. Jeder Mensch hat dabei unterschiedliche Reaktionsmuster. Ereignisse, bei denen manche Menschen ganz entspannt bleiben, lösen bei anderen Sorgen, Grübeln und Stress aus.

Die Sichtweise, mit der wir uns, unser Leben, die Dinge und Ereignisse um uns herum sehen und wahrnehmen, hat meines Erachtens den allergrößten Einfluss auf unser Wohlbefinden.

Bei vielen Problemen des Alltags reicht eine neue Betrachtungsweise, eine andere Bewertung vollkommen aus, um diese als weniger problematisch zu erleben. Dadurch wird an den Tatsachen oder Verhaltensweisen, die uns stören, gar nichts geändert. Manchmal „verschwindet" ein Problem auch ganz, weil es nicht mehr als solches angesehen wird.

Frau X. sucht Rat in einer Erziehungsberatungsstelle, weil sie sehr unglücklich über das Verhältnis zu ihrem Sohn ist.

Statt ihre Nähe zu suchen, ist er ständig unterwegs und „auf Action". Am liebsten hält er sich den ganzen Tag auf der Straße und auf dem Spielplatz auf, wo er mit anderen Jungen Fußball spielt. Schon in der Krabbelgruppe sei er ständig von ihr weg- und zu anderen Kindern hingekrabbelt. Frau X. bezieht dieses Verhalten ihres Sohnes auf sich.

Wie vielen anderen Müttern war ihr bei der ausschließlichen Beschäftigung mit ihren Kindern „die Decke auf den Kopf" gefallen. Sie nahm daher frühzeitig ihre Halbtagstätigkeit in einem Büro wieder auf. Dies erlebte sie trotz des größeren Stresses positiv. Den Kontakt zu anderen Erwachsenen genoss sie sehr. Auch ihrem Sohn konnte sie sich nun nachmittags wieder viel leichter zuwenden. Trotzdem haderte sie damit, nicht dem Bild einer „richtigen" Mutter entsprochen zu haben.

Frau X. berichtete, dass ihre Schwangerschaft durch Komplikationen und die Angst vor einer möglichen Fehlgeburt sehr belastet gewesen war. Danach bestand eine beträchtliche Gefahr, dass sie ihren Sohn ängstlich sehr nah an sich hätte binden können.

Als ihr dies im Gespräch deutlich wird, erscheint ihr sein lebhaftes Temperament, seine Neugier und seinen Erkundungsdrang als Schutz vor dieser zu engen Symbiose, aus der er sich vielleicht nur mit Mühe hätte wieder lösen können.

Dieselben Eigenschaften ihres Sohnes, die sie bisher an ihrem Selbstbild als Mutter zweifeln ließen, kann sie jetzt als glückliche Fügung sehen und sich an der Entwicklung ihres Sohnes freuen.

„Wie konnte ich nur so blöd sein?" fragen wir uns, wenn wir unsere Verhaltensweisen selbst nicht verstehen. Sie erscheinen uns unsinnig und vielleicht sogar schädlich. Daraus können Selbstzweifel und Unzufriedenheit mit uns selbst entstehen, die einen Anlass zum Grübeln bieten.

Durch ein besseres Verständnis mancher Verhaltensweisen fällt es uns leichter, diese in einem anderen Licht zu sehen. Alle unsere Handlungsweisen haben wir uns einmal angeeignet, weil sie uns in einer konkreten Situation oder Lebensphase nützlich waren. Wir handeln nie „grundlos", auch wenn es manchmal so erscheint.

Wenn ein Baby Hunger hat, schreit es. Das ist eine sehr sinnvolle Verhaltensweise, denn die Eltern müssen informiert werden, dass ein dringendes Bedürfnis vorliegt. Als Erwachsene haben wir andere Möglichkeiten, zu kommunizieren und unsere Bedürfnisse zu befriedigen. Aus Hunger einfach losschreien wäre für uns weder eine passende noch eine erfolgversprechende Verhaltensweise.

Die Erfahrung: „Wenn ich etwas dringend benötige und wahrgenommen werden will, muss ich laut schreien", bleibt hingegen in unserem Gedächtnis. Wenn Erwachsene die Nerven verlieren und herumschreien, ist das vielleicht ein unpassender Rückgriff auf eine ehemals erfolgreiche Strategie.

Mit der folgenden Fragestellung können Sie mögliche Ursachen eines Verhaltens herausfinden:
➤ Wann war es ein sinnvolles Verhalten für Sie?
➤ Was haben Sie heute noch davon, auch wenn es Sie ärgert?
➤ Welche Alternativen wünschen Sie sich heute?

Wenn Sie störende Verhaltensweisen unter diesem Blickwinkel anschauen, werden Sie vielleicht einige begreifen und womöglich sogar schätzen lernen. Zumindest werden Sie diese mit mehr Verständnis und Wohlwollen betrachten.

Es wird hilfreich sein, wenn Sie Ihre Verhaltensweisen nicht mehr mit den moralischen Kriterien „gut und schlecht" bewerten. Unterscheiden Sie zwischen solchen, die Ihnen angenehm sind, Ihnen gut tun und die Sie gerne beibehalten und denen, die Sie ändern möchten.

Interessanterweise unterscheiden Buddhisten zwischen „angenehm – unangenehm" einerseits und „heilsam – unheilsam" andererseits.

Sie haben vielleicht auch schon Erfahrungen mit unangenehme Erlebnissen gemacht, die heilsam waren und deshalb von Ihnen als positiv erlebt wurden.

Nicht nur Situationen und Ereignisse, sondern auch persönliche „Eigenschaften" können Sie umdeuten:

➤ Statt: Starrköpfigkeit	> Innerlich gefestigt sein
➤ Statt: hysterisch agieren	> Angeregt, lebendig
➤ Statt: gefühllos sein	> Sich vor Verletzungen schützen wollen
➤ Statt: passiv sein	> Die Dinge akzeptieren können, wie sie sind
➤ Statt: sich selbst abwerten	> Eigene Fehler eingestehen können
➤ Statt: kontrollieren müssen	> Einfluss nehmen können
➤ Statt: pedantisch sein	> Für Struktur und Klarheit sorgen können

Diese Art, andere Sichtweisen zu erlangen, wird auch „Reframing" genannt. Es bedeutet soviel wie: neu einrahmen oder etwas in einem neuen Rahmen betrachten.

Dabei besteht sowohl die Möglichkeit, etwas aus einem

anderen Blickwinkel zu sehen, als auch Ereignissen eine andere inhaltliche Bedeutung zu geben.

Schon im vorhergehenden Kapitel beschäftigte ich mich mit der Wahrnehmung. Dem einengenden Tunnelblick wurde eine Sichtweise gegenübergestellt, die bewusst weit gestreut und unspezifisch ist, ohne Bewertungen und Ziele. Damit kann vieles wahrgenommen werden, was sonst übersehen und ausgeblendet wird.

Beim Reframing verändern wir unsere Wahrnehmung auf andere Weise: Die Dinge werden jetzt bewusst wertend betrachtet, mit einer durchaus fokussierten Sichtweise. Diese setzt aber neue Akzente und ermöglicht andere Perspektiven. Die bisherige negative Bewertung wird aufgelöst und der Blick gezielt auf die positiven Aspekte gelenkt.

Nicht alle Ereignisse im Leben lassen sich positiv umdeuten. Fast alle negativen Ereignisse haben aber auch positive Aspekte. Wenn Sie diese wahrnehmen und schätzen lernen, kann Ihr Leben angenehmer und reichhaltiger werden.

Ich habe viele Berichte von Menschen oder deren Angehörigen gehört, die z. B. von schweren Krankheiten betroffen waren. Diese berichten fast übereinstimmend, dass sie bei allem Elend und negativen Erlebnissen auch positive Erfahrungen gemacht haben. Persönlich seien sie daran gewachsen und die Beziehungen zu Mitmenschen sind oft intensiver und tiefer geworden. Auch wenn sie die Dinge an sich lieber nicht erlebt hätten, möchten viele die positiven Erfahrungen und Veränderungen nicht missen.

„Verdrieße Dich nicht daran, dass der Rosenstrauch Dornen trägt, sondern freue Dich darüber, dass der Dornenstrauch Rosen trägt."

(Arabisches Sprichwort)

Wenn Frau A. berufliche oder persönliche Fragen und Probleme klären möchte, holt sie sich Unterstützung in einer Beratung.

In der letzten Zeit fühlt sie sich sehr belastet und ist mit sich selbst unzufrieden, da sie viel Zeit grübelnd verbringt.

Als die grüblerischen Gedanken sie sehr zu stören beginnen, vereinbart sie einen Termin mit ihrer Beraterin. Nachdem sie ihr Problem geschildert hat, schlägt ihre Beraterin vor, mit einem „Reframing" nach einer Lösung zu suchen.

> Zuerst wird Frau A. von der Beraterin gebeten, die Verhaltensweise zu benennen, mit der sie unzufrieden ist. „Ich grüble zu viel", ist die Antwort.
>
> Frau A. wird gebeten, sich entspannt hinzusetzen und die Augen zu schließen. Jetzt soll sie ihr grüblerisches Verhalten einmal näher betrachten. Dazu werden ihr folgende Fragen gestellt:
> ➤ *In welchen Situationen neigen Sie zu diesem Verhalten?*
> ➤ *Tritt es in diesen Situationen immer auf oder nur manchmal?*
> ➤ *Was ist anders, wenn es nicht auftritt?*

Die Beraterin erklärt Frau A., dass sie der Überzeugung ist, niemand tue irgendetwas, um sich selbst zu schaden. Es könne hingegen sehr wohl vorkommen, dass Menschen schädliche Verhaltensweisen entwickeln, obwohl sie damit etwas Positives für sich selbst anstrebten. Sie bittet Frau A., herauszufinden, was die positive Absicht hinter ihrem Grübeln sein könne. Nach einigem Nachdenken nennt Frau A. folgende Aspekte:
➤ *„Durch gründliches Nachdenken kann ich mögliche Fehler rechtzeitig entdecken."*
➤ *„Ich bin immer gut vorbereitet und das gibt mir Sicherheit."*

> *„Ich gehe den Dingen gerne auf den Grund und mag kein oberflächliches Verhalten."*

Im Gespräch stellt sich heraus, dass Frau A. die Ziele, die ihrem Grübeln zugrunde liegen, auf keinen Fall aufgeben will. Deshalb bittet die Beraterin sie, nach alternativen Verhaltensmöglichkeiten zu suchen, um diese Ziele auch ohne Grübeln erreichen zu können.

Nachdem sie einige Zeit nachgedacht hat, findet Frau A. die folgenden Möglichkeiten:
> *Zukünftig den Zeitraum fürs „Nachdenken" eingrenzen,*
> *Mehr innere Sicherheit entwickeln, den erarbeiteten Lösungen zu vertrauen,*
> *Sorgfältig getroffene Entscheidungen nicht mehr infrage stellen.*

Die Beraterin bittet Frau A., die gefundenen Lösungen noch einmal kritisch zu betrachten. Sind dies wirklich Gegenvorschläge, die geeignet sind, ihr Grübeln überflüssig zu machen?

„Es sind praktikable Möglichkeiten", entscheidet Frau A.

Anschließend überprüft Frau A. noch, ob ihre Lösungsideen auch zu ihren inneren Landkarten passen oder ob es gute Gründe gibt, diese nicht umzusetzen. Die Beraterin betont die Wichtigkeit dieses Schrittes, da nur diejenigen Verhaltensweisen erfolgreich umgesetzt werden können, die wirklich zur eigenen Persönlichkeit passen. Frau A. findet keine Gründe, die gegen die gefundenen Ergebnisse sprechen.

Nachdem jetzt ein zufriedenstellendes Ergebnis gefunden wurde, bittet die Beraterin Frau A. noch einmal, die Augen zu schließen und sich zu entspannen. Anschließend soll sie sich eine Situation in der Zukunft vorstellen, in der sie auf die neuen Verhaltensweisen zurückgreifen wird. Dieses Bild solle sie visualisieren, so als ob sie die Situation wirklich erleben würde, und sich mit allen Sinneskanälen in diese Vorstellung hineinbegeben.

Diese Methode können Sie auch für sich alleine anwenden. Sie eignet sich für alle Fälle, in denen Sie ein Verhalten als störend erleben.

Praxis im Anhang: „Six-step-reframing", Seite.161.

Verhaltensmuster verändern

Falten Sie einmal Ihre Hände. Befindet sich Ihr rechter oder Ihr linker Daumen oben?
  Da es zwei Möglichkeiten gibt, wie Sie Ihre Hände falten können, probieren Sie jetzt einmal die andere aus.
  Falten Sie Ihre Hände so, dass der andere Daumen oben ist. Wie fühlt sich das an? Wahrscheinlich „komisch" und „falsch". Wenn Sie dies öfter machen, gibt es irgendwann keine „richtige" oder „falsche" Art mehr, die Hände zu falten.
  Es wird wahrscheinlich keinen Grund für Sie geben, Ihr Verhaltensrepertoire des Händefaltens zu erweitern, in anderen Lebensbereichen kann dies jedoch durchaus sinnvoll sein.
  Normalerweise probieren wir keine Alternativen zu unseren eingefahrenen und erprobten Bewegungsmustern aus. Damit entgeht uns leider auch die Möglichkeit, Alternativen kennen zu lernen, die vielleicht effektiver und sinnvoller für uns sind.
  Im letzten Kapitel zeigte ich Möglichkeiten auf, wie Sie durch veränderte Sichtweisen zu Verhaltensänderungen kommen können. Jetzt möchte ich darauf hinweisen, dass sich Denkstrukturen auch durch ein verändertes Verhalten ändern.
  Wenn Sie Ihr Denk- und Handlungsrepertoire erweitern, können Sie sich angemessener verhalten.

„Wenn man nur einen Hammer hat, dann ist jedes Problem ein Nagel!"

(Mark Twain)

Eine Möglichkeit, gewohnte Verhaltensmuster zu verändern, besteht darin, Ihr Verhalten ins Gegenteil umzukehren und dabei noch etwas zu übertreiben.

Damit steuern Sie der Angewohnheit, immer auf das Gewohnte zurückzugreifen und sich nur in bekannten Bahnen und Gebieten zu bewegen, entgegen. Neue Wege in Ihrem Denken und Ihrem Verhalten können entstehen.

Bewegung, Tempo und der mentale, gefühlsmäßige Zustand sind aufs Engste verknüpft.

Um in die Geschwindigkeit zu kommen, die Sie im Moment benötigen, können Sie Ihr Verhalten übertreiben, damit es sich später richtig einpendelt.

➤ Beim Grübeln steckt man fest, wird langsam oder bewegungslos. Vielleicht hilft es Ihnen, wenn Sie mehr Tempo vorlegen und versuchen, vieles wie im Zeitraffer zu tun.
➤ Wenn Sie sich hingegen stressen und alles viel zu schnell machen, können Sie Tempo herausnehmen. Machen Sie alles einmal bewusst ganz langsam, wie in Zeitlupe.

Ein etwas unorthodoxer Weg zur Grübelbewältigung besteht darin, es bewusst zu tun. Es „überfällt" Sie nicht, als ein von außen gesteuertes Ereignis, sondern Sie können es sich „verordnen".

Dies könnte beispielsweise so aussehen:

➤ Jeden Tag müssen Sie exakt eine halbe Stunde intensiv grübeln, zu einem festgelegten Zeitpunkt und an einem bestimmten Ort. In dieser Zeit dürfen sie dann nichts anderes tun.
➤ Sie dürfen nur zu gewissen Zeiten grübeln, beispielsweise nur vormittags oder nur an den ungeraden Tagen, die ge-

raden sind dann „grübelfrei"! Anschließend könnten Sie dann dazu übergehen, sich das Grübeln nur noch jeden dritten Tag zu erlauben.

Wenn Sie zur „falschen" Zeit anfangen zu grübeln, sagen Sie: **„Stopp!"** und verschieben es auf den „richtigen" Zeitpunkt. Sie werden erleben, dass Sie Ihre Gedanken durchaus steuern können und nicht deren Opfer sind.

Oft verändern sich Verhaltensmuster, ohne das wir dies wahrnehmen. Wenn Sie schon einmal von Verletzungen oder Krankheiten des Bewegungssystems betroffen waren, kennen Sie dies vielleicht. Bei einer ärztlichen oder physiotherapeutischen Untersuchung waren Sie möglicherweise erstaunt, wie sehr Sie in der Beweglichkeit eingeschränkt waren und unbewusst neue und schonende Bewegungen entwickelt haben. Das Gehirn hat sich unmerklich auf die Situation eingestellt.

Fünf-Schritte-Programm zum Verändern von störenden Verhaltensmustern, vom Nägelkauen, dem Nesteln an Haaren bis zum Grübeln:
➤ *Auch hartnäckige Verhaltsmuster, die einen starken Drang ausüben und schwer zu verändern sind, müssen keine tieferen Ursachen haben.*
➤ *Sie können über Ihr Verhalten Buch führen und schon damit Kontrolle darüber erhalten.*
➤ *Stellen Sie fest, wann Sie zu diesem Verhalten neigen. Welche Situationen sind die Auslöser?*
➤ *Sie können mit Entspannungstechniken dem Bedürfnis begegnen, dieses Verhalten zu zeigen. Auch eine emotionale Distanz ist hilfreich.*
➤ *Finden Sie ein alternatives Verhalten, dass Sie anstelle des bisherigen einsetzen können. Damit hinterlässt Ihr überwundenes Verhalten keine Lücke.*

(Lazarus; Clifford, Taschentherapeut)

Innere Dialoge verändern

Sorgen und Grübeln beginnen oft mit einem inneren Dialog. Bei manchen Menschen meldet eine innere Stimme Bedenken oder Befürchtungen an oder kritisiert sie.

Wenn Sie eine innere Stimme hören, achten Sie einmal darauf, wie diese zu Ihnen spricht. Ist sie nett und freundlich zu Ihnen oder unangenehm und nörgelnd? Werden Sie von Ihr beschuldigt, des Versagens oder eines Fehlverhaltens?

Manche Menschen reden schlechter zu sich selbst, als sie es jemals anderen Menschen gegenüber tun würden.

Hören Sie sich selbst mit sich reden oder gehört diese Stimme jemand anderem?

Wollen Sie jemand anderem zugestehen, sich so in Ihr Leben einzumischen?

„Immer passiert dir das!", „Du solltest xy machen!", „Du darfst nicht ...!", „Noch nie hast du es geschafft!", „Das musst du besser machen!"

Folgende Kriterien sind symptomatisch für negative innere Stimmen:
- ➤ Forderungen werden gestellt: „Du musst, solltest usw."
- ➤ Verbote werden ausgesprochen: „Du darfst nicht, sollst nicht usw."
- ➤ Negative Sichtweise: „Du schaffst es nicht, machst alles falsch usw."
- ➤ Verallgemeinerungen: „Immer machst du, nie hast du usw."

Vielfach reden innere Stimmen wie strenge Eltern und Lehrer auf uns ein. Glücklicherweise sind innere Dialoge jedoch ein Teil von uns und werden nicht von außen ferngesteuert. Deshalb können wir sie auch beeinflussen und verändern.

Wir können beispielsweise die Inhalte rational auf ihre Stimmigkeit überprüfen.

„Schaffe ich es wirklich **nie**?", „Warum **muss** ich dies tun?", „Ist es **immer** so oder war es **bisher** oft so?", „Woher **weiß** ich, dass ich es in Zukunft nicht anders machen kann?"

Welche Intention verfolgen **Sie** eigentlich, wenn Sie im inneren Dialog mit sich sprechen? Eine schlechte Absicht sich selbst gegenüber werden Sie dabei nicht haben.

Wenn Ihre innere Stimme beispielsweise nörgelt: „Du hast wieder nicht alles erledigt!", dann wollen Sie sich damit weder das Leben vermiesen noch zum pausenlosen Arbeiten antreiben. Die eigene Sorge, etwas Wichtiges zu versäumen, am nächsten Tag vor einem zu großen Arbeitsberg zu stehen oder für eine Prüfung nicht genug vorbereitet zu sein, könnten der Grund sein.

Ihre innere Stimme könnte Ihnen diese Botschaften natürlich auch in einer netteren Art übermitteln. Probieren Sie es aus. Sie können Ihre innere Stimme verändern. Im Tonfall, im Inhalt, in der Lautstärke usw. Experimentieren Sie ruhig etwas herum. Sie können auch mit Ihrer inneren Stimme verhandeln wie mit einer wirklichen Person. Ziel könnte es sein, eine Übereinkunft herzustellen, wie Ihnen wichtige Botschaften positiver übermittelt werden können.

Praxis im Anhang: „Eine innere Stimme verändern", Seite 163.

Innere Stimmen verkünden meist negative Botschaften und das mit Erfolg. Sie bringen Sie in eine Art Problemtrance, die sich selbst verstärkt. Wenn Sie sich bewusst positive Botschaften übermitteln, können Sie diesen sich selbst verstärkenden Effekt für sich nutzen, indem Sie sich in eine „Lösungstrance" bringen.

Eine Möglichkeit, dies sehr bewusst zu tun, besteht in Affirmationen oder Bejahungen, die eine Form der Autosuggestion (Selbstbeeinflussung) sind. Durch wiederholtes Aufsagen von kurzen Sätzen wird die innere Einstellung verändert. Im Unterschied zu Gebeten und Mantras, die ich im Kapitel „Achtsame Konzentration auf den Augenblick" erwähnte, werden hier individuelle Sätze gebildet.

Mit positiven Bildern können Sie durch Visualisieren einen erwünschten Zustand anstreben. Affirmationen bieten Ihnen die Möglichkeit, dies auf einer akustischen Ebene zu tun.

Denkprozesse spielen sich auf der verbalen Ebene ab. Wir denken immer in Sprache und inneren Dialogen, auch wenn uns dies nicht bewusst ist. Das Visualisieren eines erwünschten neuen Verhaltens bringt unter Umständen nicht den erwünschten Erfolg, wenn dem unbewusste innere Sätze entgegenstehen.

Mit Affirmationen geben Sie dem Denken eine andere Richtung und lenken gleichzeitig von negativen Gedanken ab. Dabei müssen Sie sich keineswegs in dem Zustand befinden, den Sie formulieren. Wenn Sie gerade gestresst sind, ist die Affirmation: „Ich bin ganz ruhig" objektiv unrichtig, hilft Ihnen jedoch, diesen Zustand zu erreichen. Durch die ständige Wiederholung von positiv formulierten Zielsätzen überzeugt man sich schließlich selbst.

Das sehr erfolgreiche autogene Training funktioniert nach einem ähnlichen Prinzip. Durch den Satz „Mein Arm wird ganz schwer" vermehrt dieser nicht sein physikalisches Gewicht, fühlt sich jedoch schwerer an.

*Frau S. ist Erzieherin und wird im nächsten Monat eine heilpädagogische Fortbildung abschließen. Jetzt, kurz vor dem Ziel, kommen ihr immer wieder Zweifel an ihren Fähigkeiten: „Bin ich wirklich gut genug, schaffe ich die Prüfung und bin ich überhaupt für diese Arbeit geeignet?", denkt sie häufig. Zu einem besseren Gefühl und mehr Selbstvertrauen gelangt sie, indem sie sich regelmäßig den Satz **„Ich werde es gut schaffen!"** sagt. Ihre Zweifel sind zwar nicht vollkom-*

men verschwunden, sie geht aber mit einem wesentlich besseren Gefühl in die Prüfung.

Vielleicht sind Sie jetzt skeptisch, aber was kann schlecht daran sein, sich selbst gut zuzureden?

> **Praxis:** *Affirmationen*
>
> *Bei der Bildung von Affirmationen ist folgendes zu beachten:*
> - ➤ **Positive Aussagen:** *Vermeiden Sie Verneinungen und drücken Sie sich so aus, als hätten Sie Ihr Ziel schon erreicht:*
>   *„Ich bin zuversichtlich!", anstatt „Ich will mir keine Sorgen machen."*
>   *„Ich werde Lösungen finden!", anstelle von „Ich will nicht mehr grübeln."*
> - ➤ **Kurze Sätze:** *Sie sollen leicht aussprechbar, kurz und gut zu wiederholen sein. Denn in der Wiederholung liegt der Schlüssel zum Erfolg. Und kurze einprägsame Sätze sind einfach leichter zu merken und zu wiederholen. Sätze wie: „Ich bin sorgenfrei", „Ich bin entscheidungsfreudig" oder „Ich akzeptiere die Vergangenheit" sind wirkungsvoller als „Ich werde mir keine unnötigen Gedanken über die Zukunft mehr machen."*

Einengende Glaubenssätze auflösen

Nach einer gemeinsamen Reise in die Tropen erkranken zwei Freunde an einer schweren Infektionskrankheit. Obwohl sie vorher kerngesund waren, ist der Krankheitsverlauf in beiden Fällen sehr unterschiedlich. Während der eine sehr schnell wieder gesundet, braucht der andere sehr lange, um zu genesen. Vielfältige Ursachen können der Grund hierfür sein, es fällt aber auf, dass beide sich selbst in Bezug auf Krankheiten sehr unterschiedlich einschätzen.

„Ich bin gesund, habe ein starkes Immunsystem und bin bisher mit allen Krankheiten gut fertig geworden", denkt der eine. „Mit dieser Krankheit werde ich sicherlich länger zu tun haben", denkt der andere. Viele Untersuchungen zeigen, dass unsere inneren Einstellungen einen bedeutsamen Einfluss auf Krankheitsverläufe haben.

Die Placeboforschung zeigt, wie stark der Einfluss unserer Überzeugungen ist. Mit Scheinmedikamenten können messbare körperliche Reaktionen hervorgerufen werden.

Sogar ein Asthmaanfall kann von künstlichen Blumen verursacht werden, wenn diese für echt gehalten werden. In einer Untersuchung wurde festgestellt, dass zwanzig Prozent der Herzinfarktpatienten nicht mehr gesund wurden, weil sie sich verhielten, als seien sie behindert. (McDermott, O'Connor, NLP und Gesundheit)

Hier wird noch einmal die Erkenntnis von Epiktet bestätigt, dass unsere Vorstellung von den Dingen oft gewichtiger sind als die Dinge selbst.

Die Grundüberzeugungen der Menschen, unsere Glaubenssätze, sind Teil unserer inneren Landkarten. Aus unseren Erfahrungen heraus bilden wir Hypothesen über die Beschaffenheit der Welt. Da sie die Richtschnur für unser alltägliches Handeln sind, versuchen wir ihnen entsprechend zu handeln.

„Das schaffe ich sowieso nicht!" Mit dieser inneren Einstellung sicherlich nicht!

Wer sich nicht selbst Lügen strafen will, wird sich an seine eigenen Prognosen halten. Wir schaffen damit „sich selbst erfüllende Prophezeiungen", die uns sehr einengen und behindern können.

Hier einige weitere Beispiele für Glaubenssätze, die uns im Denken und Handeln einschränken:

➤ Andere kommen viel besser mit ihrem Leben klar als ich.
➤ Immer verfalle ich ins Grübeln und dann geht's mir schlecht.
➤ Ich kann das nicht lernen, ich habe zwei linke Hände.
➤ Durch meine Kniebeschwerden werde ich nie mehr richtig laufen können.
➤ Weil meine Kindheit verkorkst war, werde ich nie glücklich sein können.
➤ Ich bin ein hektischer Typ und kann mich nicht entspannen.
➤ Im Herbst bekomme ich immer eine Grippe.

Da wir unsere Überzeugungen nicht geerbt, sondern uns selbst angeeignet haben, können wir sie auch verändern und ablegen. Wir sollten dies auch tun, falls sie uns einengen. Glaubenssätze können sich auf unsere Fähigkeiten beziehen: „Ich kann gut Autofahren!"

Wenn wir sie als grundlegende Wesensmerkmale ansehen, beziehen sie sich auf unsere Identität: „Ich bin ein sportlicher Typ!"

Unbewusst sorgen wir dafür, dass die Fähigkeiten, die wir uns zuschreiben, zu unseren Identitäten passen und ihnen nicht widersprechen.

Jemand, der die Identität hat „Ich bin ein Hektiker", wird sich kaum die Fähigkeit zugestehen, ruhig und gelassen bleiben zu können.

Ich selbst habe mich in der Vergangenheit oft gestresst. Nachdem ich begonnen habe, andere Menschen im Umgang mit Stress zu beraten, gewann ich eine neue Identität als „Stressberater". Dies half mir in einigen anstrengenden Zeiten, denn zu einem Stressberater passt es absolut nicht, wenn er in Hektik gerät.

Überlegen Sie doch einmal, welche Glaubenssätze Sie haben. Es gibt keine „guten" oder „schlechten". Es gibt jedoch solche, die Ihnen nützen und solche, die Ihnen schaden. Entscheiden Sie selbst, welche Sie unverändert lassen wollen und welche Sie verändern oder ablegen wollen.

Schon durch eine Veränderung Ihres sprachlichen Umgangs, können Sie einschränkende Identitäten auflösen und eine andere Sicht Ihrer Fähigkeiten einführen:

➤ Statt: Ich bin ein Grübler. Ich grüble oft.
➤ Statt: Mein Rücken ist kaputt. Ich habe Probleme mit Rückenschmerzen.
➤ Statt: Ich kann nicht mit Computern umgehen. Ich habe noch nicht gelernt, mit Computern umzugehen.
➤ Statt: Ich bin ängstlich. Oft mache ich mir (unnötige) Sorgen.
➤ Statt: Ich kann keine Sprache lernen. Bisher fiel es mir nicht leicht, Sprachen zu erlernen.

„Man kann nicht zweimal im selben Fluss baden."
(Aus der antiken griechischen Philosophie)

Durch das fließende und sich damit ständig erneuernde Wasser verändert sich der Fluss ständig, obwohl er doch immer derselbe bleibt.

Betrachten Sie sich selbst und Ihre Handlungsweisen auch mit diesem Blickwinkel. Schreiben Sie sich keine statischen, unveränderlichen Eigenschaften zu, sondern betrachten Sie Ihr momentanes Verhalten als Teil eines fließenden Prozesses. Sie haben es vielleicht schon lange benutzt, aber es ist trotzdem veränderbar und durch ein anderes Verhalten zu ersetzten. „Wer nicht die Meinung hat, auf sein Leben Einfluss nehmen zu können, dem geht es schlechter", ist das Ergebnis einer Untersuchung. Wer sich nicht als Opfer widriger Umstände begreift, kann handeln und Einfluss nehmen.

Natürlich können wir nicht alles in unserem Leben selbst beeinflussen, aber drehen Sie den Spieß einfach um: Verhalten Sie sich so, als ob Sie es doch könnten. Dies mag im Einzelfall absurd erscheinen, aber sehen Sie es einmal als Arbeitshypothese an.

Ich möchte diesen Gedanken an einem Beispiel verdeutlichen:

Angenommen, Sie sind mit Ihrer Wohnsituation unzufrieden. Sie möchten gerne in der Gegend wohnen bleiben, in der Sie jetzt eine recht preiswerte Wohnung haben. Leider ist die Nachfrage sehr groß und Sie können sich auch keine spürbar höhere Miete erlauben.

Wenn Sie der Überzeugung sind „Ich habe keine Chancen, eine bessere Wohnung zu finden", werden Sie es erst gar nicht versuchen und alles wird natürlich beim Alten bleiben.

Wenn Sie davon ausgehen „Ich werde eine Wohnung finden, wenn ich nur intensiv genug suche und findig bin", schöpfen Sie die vorhandenen Möglichkeiten aus und haben zumindest die Chance erfolgreich zu sein.

Experimentieren Sie doch einmal damit, so zu tun, als ob alles möglich wäre und Sie es in der Hand hätten. Damit lassen Sie alles offen und bieten Veränderungen eine Chance. Durch die gesellschaftlichen Rahmenbedingungen und Ihre persönliche Lebenssituation werden Sie an Grenzen stoßen. Einiges können Sie vielleicht noch beeinflussen und verändern, mit manchen Gegebenheiten werden Sie vorerst leben müssen, mit anderen sicher auch auf Dauer. Aber Ihre Chancen und Möglichkeiten können Sie mit der Herangehensweise „Alles ist machbar und ich kann es beeinflussen" ausloten.

Praktische Beispiele für dieses Sichtweise:
- ➤ Ich sorge dafür, dass ich grübele und nicht die Umwelt ist daran schuld.
- ➤ Ich stresse mich und nicht der Stress mich.
- ➤ Ich habe in der Hand, was ich aus meinem Leben machen will.

Mit dieser Sichtweise bietet sich Ihnen die Chance, vom hilflosen Opfer langsam in eine aktivere, gestaltende Rolle zu kommen.

Ben Furman erzählt in seinem Buch folgende Geschichte:

Ein alter weiser Rabbi kam in ein Dorf. Ein junger Rabbi sah hier eine gute Gelegenheit für sich. Der alte Rabbi wollte am nächsten Morgen vor den Dorfbewohnern sprechen und der junge Rabbi wollte ihn testen und ihn auf den Prüfstein stellen. Er hatte vor, sich ihm in einem passenden Moment während der Rede mit einem Vogel in seiner Hand zu nähern. Er beabsichtigte, ihn zu fragen: „Liebster Rabbi, ich habe in meiner Hand einen Vogel. Kannst Du mir sagen, ob er tot oder lebendig ist?" Wenn der Rabbi antworten würde: „Der Vogel ist lebendig" könnte der junge Mann ihn schnell totdrücken und dem Volk zeigen, dass der Rabbi Unrecht hatte. Würde der Rabbi wiederum sagen: „Der Vogel ist tot", so könnte der junge Mann ihn fliegen lassen und beweisen, dass er klüger und schlauer ist als der alte Rabbi.

Am nächsten Tag, als der Rabbi seine Rede hielt, stand der junge Mann auf und forderte den Rabbi mit seiner Frage heraus: „Rabbi, wir alle wissen, dass du ein intelligenter und kluger Mann bist, aber kannst du mir sagen, ob der Vogel, den ich in der Hand halte, lebendig oder tot ist?" Der alte Rabbi schwieg einen Moment. Dann lächelte er schelmisch und antwortete sanft: „Das hängt von dir ab, mein lieber Freund, das hängt ganz von dir ab."

Aber Achtung, jetzt nicht in eine Grübelfalle geraten. Es geht mir nicht darum, Ihnen individuelle Schuld zuzuschreiben. Dieser Umkehrschluss wäre natürlich fatal.

Sicherlich haben Sie immer versucht das beste aus Ihren momentanen Möglichkeiten zu machen. Selbstvorwürfe sind deshalb weder angebracht noch hilfreich.

Auf Ereignisse wie Krankheiten oder Arbeitslosigkeit haben wir oft nur geringen Einfluss. Auch wenn die Rahmenbedingungen sehr schwierig sind, profitieren Sie mehr davon, wenn Sie Ihren Spielraum ausloten und nicht in Resignation versinken.

Bedenken Sie auch: Wenn Sie „Fehler" hätten vermeiden können, hätten Sie dies auch getan.

Ein sehr verbreiteter und zentraler Glaubenssatz in unserer Kultur ist, dass „Fehler" grundsätzlich negativ und zu vermeiden sind. Ein anderer Ansatz ist, „Fehler" auch als Möglichkeiten anzusehen, Erfahrungen zu sammeln. In Gruppen ist ein „Feedback" eine Rückantwort der anderen auf das, was jemand sagt und tut. Sie können „Fehler" auch unter dem Aspekt eines „Feedback" sehen.

Wenn Sie etwas „richtig" gemacht haben, bekommen Sie die Rückinformation: „Dies ist offensichtlich **eine** der Möglichkeiten, das Problem zu lösen." Wenn Sie weniger erfolgreich waren, lautet die Antwort: „So hat es nicht geklappt, du musst nach neuen Wegen suchen!" Sehen Sie Ihr Leben als ständigen Lernprozess an, zu dem auch „Fehler" gehören. Wir lernen durch ein Feedback, egal wie es ausfällt.

In diesem Zusammenhang fällt mir die folgende kleine Geschichte ein, die ich einmal gelesen habe:

Ein Mann war Mitglied der freiwilligen Feuerwehr seines Ortes. Bei den regelmäßigen Übung war er regelrecht erfreut, wenn etwas einmal nicht reibungslos funktionierte: „Ich bin froh, wenn uns ein `Fehler´ bei einer Übung unterläuft. Dadurch entdecken wir dann eine Schwachstelle. Wir *lernen daraus, wie wir bei einem zukünftigen Einsatz diesen Fehler vermeiden können. Es wäre schlecht, wenn dies nicht in einer Übung passierte, sondern im Notfall."*

Der Blick aus der Zukunft

Herr L. befand sich gerade in einer sehr schwierigen Lebensphase, als er einen Stressbewältigungskurs für Eltern besuchte.

Als kaufmännischer Angestellter hatte er seine Arbeitszeit auf 28 Wochenstunden reduzieren können. Seine Frau war mit einer Halbtagsstelle beruflich wieder eingestiegen und er wollte sich die Kinderbetreuung mit seiner Frau teilen. Dies war sein Wunsch gewesen und er hatte sich auf diese Zeit gefreut.

In der Firma waren die Erwartungen an ihn gestiegen und durch die jetzt entstandene Doppelbelastung fühlte er sich überfordert. Er konnte nachts schlecht schlafen, weil ihn sorgenvolle Gedanken beschäftigten.

Die gesamte Situation erschien ihm aussichtslos. Er war fast ständig schlecht gelaunt und gereizt. Auch die Beziehung zu seiner Frau verschlechterte sich zunehmend.

Im Kurs lernte er eine Methode kennen, die es ihm ermöglichte, seine jetzige Situation nur als eine Episode seines Lebens zu sehen. Später würden dieser auch wieder andere Zeiten folgen.

Der Kursleiter bat ihn, sich eine Linie auf dem Boden vorzustellen, die den zeitlichen Verlauf seines Lebens darstellt. Seine Geburt ist der Anfangspunkt dieser Zeitlinie. Sie reicht bis weit in die Zukunft, zu einem Zeitpunkt, an dem Herr L. ein hohes Alter erreicht haben würde. Der Kursleiter bat Herrn L., der Gruppe den Verlauf der Linie auf dem Fußboden zu beschreiben und sich dann an die Stelle zu stellen, wo er sich heute befindet. Anschließend sollte Herrn L. die Länge des Zeitabschnittes bestimmen, die seine momentane schwierige Lebenssituation andauern würde. Diesen Abschnitt auf der Lebenslinie sollte er dann mit beliebigen Gegenständen für alle sichtbar markieren.

Als nächstes bat der Kursleiter Herrn L., sich an eine Stelle der Zeitlinie zu begeben, an der er ein alter Mann sein würde. Er sollte sich ganz anschaulich vorstellen, wie es sei, im Ruhestand zu sein. Er würde dann vielleicht gemütlich in einem Café oder auf einer Parkbank sitzen und entspannt auf sein Leben zurückblicken. Alle Hürden des Lebens sind bis zu diesem Zeitpunkt erfolgreich überwunden worden, gute und auch schlechtere Zeiten wird er erlebt haben. „Wie erscheint Ihnen das Problem, vor dem Sie zur Zeit stehen, von hier aus? Welche Bedeutung hat das Schwierige in dieser Lebensphase, wenn Sie es im Nachhinein betrachten?" Herr L. bemerkte, dass er die Probleme von der neuen Warte aus ganz anders wahrnahm. Sie erschienen ihm viel unbedeutender. Vor allen Dingen wurde ihm bewusst, dass diese Lebensphase sehr überschaubar war.

Er begab sich auf seiner Zeitlinie wieder in die Gegenwartsposition und blickte wie zu Beginn in die Zukunft.

Die vor ihm liegenden Probleme erschienen ihm jetzt viel geringer und überschaubarer.

In den folgenden Kursstunden erzählte er, dass er nun seine Lebenssituation viel erträglicher und angenehmer erlebte. Immer, wenn er sich anschließend wieder gestresst fühlte und ins sorgenvolle Grübeln zu geraten drohte, führte er sich den Blick aus der Zukunft wieder vor Augen.

Praxis im Anhang: „Gehen Sie auf Ihre Zeitlinie", Seite.165.

„Dass ich mir damals so viele Gedanken und Sorgen gemacht habe ..." Über die meisten Ihrer aktuellen Probleme werden Sie in Zukunft wahrscheinlich ähnlich denken. Herr L. lernte, diesen Blick aus der Zukunft vorwegzunehmen und damit schon heute seine Sorgen zu relativieren. Was für Sie im heutigen Alltag etwas Herausragendes und Wichtiges ist, wird oft zu einer Nichtigkeit, wenn Sie den Blick über Ihre gesamte Lebensspanne gleiten lassen.

Denken Sie an Ihre gesammelten vergangenen Erfahrungen. Bis zu diesem Zeitpunkt, an dem Sie dieses Buch lesen, haben Sie schon viele Kenntnisse gesammelt und viele schwierige Situationen bewältigt.

Sie haben unter anderem lesen und schreiben gelernt, wahrscheinlich einen Schulabschluss und eine Berufsausbildung gemacht. Vermutlich haben Sie gelernt, Fahrrad und Auto zu fahren.

Einiges davon war zunächst mit Schwierigkeiten verbunden und erforderte einen Lernprozess. Manches, das Ihnen damals als Riesenproblem erschien, wird Ihnen von heute aus betrachtet recht harmlos erscheinen. Wahrscheinlich lächeln Sie jetzt innerlich über einige Ihrer damaligen Sorgen und Ängste.

Vielleicht ändert alleine schon dieser Gedanke Ihre Gefühle zu vielen Problemen und erspart Ihnen einige Grübeleien.

Ludwig Reiners schrieb in seiner „Sorgenfibel" (München 1948):

Gegen den Ärger gibt es einige einfache Kunstgriffe. Der erste heißt Abstand. Die meisten Dinge, über die wir uns heute ärgern, werden uns in einem Jahr völlig gleichgültig sein, ja kaum noch erinnerlich sein. Ein verlorener Schlüssel, ein versäumter Zug, der Klatsch des Nachbarn, ein grober Beamter, kurzum Belanglosigkeiten, die wir in kurzem vergessen haben werden: wir erlauben es, dass solche Nichtigkeiten uns Stunden hindurch den Blick auf die übrige Welt verstellen, und opfern ihnen das einzige reale Gut, den heiteren

Genuß der Gegenwart. Dabei brauchen wir uns nur zu fragen, wie wir solche Ärgerquellen nach einem Jahr beurteilen werden, um ihre wirklichen Dimensionen zu erkennen.

Die Sicht der Dinge aufhellen

Frau B. ist Lehrerin. Ihre nächste Woche sieht recht gruselig aus. Es müssen noch mehrere Arbeiten geschrieben werden, eine Lehrprobe der Referendarin steht an und in ihrer Klasse gab es in der letzten Zeit massive Probleme mit einigen Schülern. Mehrere Elterngespräche und ein außerordentlicher Elternabend werden stattfinden. „Wie soll ich das alles nur schaffen?", „Ob alles auch gut läuft?", „Horror!" Diese Gedanken gehen ihr kaum noch aus dem Kopf.

Vor einiger Zeit hatte Frau B. einen Berater aufgesucht, um sich Hilfe für ihre immer wiederkehrenden Stressphasen zu holen. Beim nächsten Termin schildert sie ihr aktuelles Problem.

Ihr Stressberater bittet Frau B., sich die Belastungen der kommenden Woche vor Augen zu führen. Sie soll dabei die einzelnen Tage in Ihrer Vorstellung an sich vorbeiziehen lassen.

Anschließend befragt er sie nach dem Aussehen ihrer inneren Bilder. Frau B. beschreibt diese als düster und statisch, wie aneinandergereihte Schwarzweißfotos. Auch nahmen sie nur einen kleinen Teil der zur Verfügung stehenden „inneren Leinwand" ein.

Unter der Anleitung Ihres Beraters verändert Frau B. diese Bilder.

Sie lässt aus den unbewegten „Fotos" einen „Film" werden. Wie mit der Fernbedienung eines Fernsehers verändert sie die Helligkeit, bis alles Düstere verschwunden ist. Anschließend verändert sie „ihren Film" von schwarzweiß auf farbig und lässt ihn den gesamten Raum vor ihrem inneren Auge einnehmen.

Zu Frau Bs. Überraschung verändert sich ihr Gefühl zur bevorstehenden Woche dramatisch. Sie gewinnt Zuversicht und Kraft. Die Beratungsstunde verlässt sie gut gelaunt. Die Woche wird sicher anstrengend und aufreibend, aber sie weiß, dass sie alles bewältigen wird. Dabei ist sie zuversichtlich, sich ihre gute Stimmung erhalten zu können.

Das hört sich nach einem Wunder an, ist aber nur das Resultat einer veränderten Wahrnehmung.

„Die Dinge verändern sich nicht. Das einzige, was sich verändert, ist deine Sichtweise."
(Carlos Castaneda)

„Da sehe ich aber schwarz für Dich.", „Das sieht schon recht düster aus." Unangenehme Zukunftsaussichten sehen wir meist in dunklen Bildern. Umgekehrt sprechen wir von glänzenden Aussichten, wenn wir zukünftige Ereignisse positiv sehen. Auch in unseren Erinnerungen kommen „brillante Vorführungen" und „rabenschwarze Tage" vor.

Die Wahl dieser Metaphern ist kein Zufall, sondern entspricht unseren inneren Bildern.

Überprüfen Sie dies bei sich selbst: Denken Sie an ein beliebiges unangenehmes Erlebnis in der Vergangenheit. Betrachten Sie es vor Ihrem inneren Auge. Lenken Sie Ihre Aufmerksamkeit von den Inhalten zu der Art und Weise, wie Sie diese Situation bildlich abgespeichert haben.

▶ Sehen Sie ein helles oder ein dunkles Bild?
▶ Farbig oder schwarzweiß?
▶ Ein starres Foto oder einen bewegter Film?
▶ Gehören Geräusche dazu oder ist es ruhig?

Nachdem Sie sich diese Einzelheiten eingeprägt haben, lösen Sie sich bitte von dieser Vorstellung. Dies geht am besten, wenn Sie sich etwas bewegen.

Suchen Sie sich anschließend eine angenehme Erinnerung und analysieren Sie diese nach den gleichen Kriterien. War jetzt etwas anders? Wo genau lagen die Unterschiede?

Wahrscheinlich war das angenehme Bild heller, bunter und bewegter.

Wir speichern unsere Erinnerungen nicht nur in konkreten Sinneseindrücken ab, sondern färben sie auch emotional ein. Dabei speichern wir eine angenehme Erinnerung in einer ganz anderen Art und Weise ab, wie wir dies mit einer unangenehmen tun.

Deshalb können wir auch ohne Berücksichtigung der Inhalte feststellen, welche Emotionen mit vergangenen Situationen verbunden sind.

Gehen wir noch einmal zu Ihrer unangenehmen Erinnerung von vorhin zurück. Lassen Sie das Bild noch einmal vor Ihrem inneren Auge entstehen. Anschließend verändern Sie bitte dessen „Einstellungen" so, als sähen Sie sich eine angenehme Erinnerung an. Stellen Sie sich vor, Sie hätten eine Fernbedienung in der Hand:

➤ Verändern Sie die Helligkeit.
➤ Passen Sie die Farbe an.
➤ Wird aus einem Foto ein Film?
➤ Wird Ihr gesamtes Gesichtsfeld von den Bildern eingenommen oder nur ein Teil?

Vielleicht haben Sie sich jetzt gewundert, dass sich Ihre Gefühle verändert haben. Ebenso wie wir in einer angenehmen Körperhaltung keine unangenehmen Gefühle haben können, erleben wir auch Situationen anders, wenn wir diese mit den „Augen" einer angenehmen Erinnerung betrachten.

Auch zukünftige Ereignisse können Sie nach dieser Methode in einem anderen Licht erscheinen lassen, wie dies auch Frau B. tat. Die Tatsachen verändern sich natürlich nicht, aber Ihr Gefühl dazu und damit auch Ihre innere Einstellung.

Durch eine veränderte Herangehens- und Sichtweise verkleinern sich Probleme oder sie können ganz verschwinden.

Praxis im Anhang: „Innere Bilder verändern", Seite 167

Die eigenen Stärken wiederfinden

„Kinder brauchen Lob!", „Kinder brauchen Anerkennung!"
So oder ähnlich lauten Zeitschriftenartikel, Broschüren- und Buchtitel zum Thema Kindererziehung. Und was ist mit uns Erwachsenen? Werden wir nicht viel kritisiert und sehr wenig gelobt? „Eigenlob stinkt", sagt der Volksmund, aber Lob von anderen gibt es in der Regel herzlich selten. Auch wir brauchen Lob und Anerkennung und einen Blick auf unsere Stärken. Im folgenden Kapitel möchte ich Ihren Blick auf Ihre Stärken und Ressourcen richten.

Ein Grundschulkind hatte im letzten Diktat sechzehn Fehler. Durch eifriges Üben reduziert es sie im neuen Test auf elf Fehler.
➤ Eine Lehrerin schreibt darunter: „Du hast immer noch elf Fehler!"
➤ Eine andere hingegen: „Bravo! Du hast dich erheblich verbessert und nur noch elf Fehler!"
Unschwer zu sagen, welche Aussage das Kind besser motiviert und wann es sich besser fühlt und bei der Rechtschreibung in Zukunft die größeren Erfolge haben wird.

Herr B. gilt allgemein als übervorsichtig und ängstlich. Von einem Mann wird im Regelfall immer noch etwas anderes erwartet. Bei einer Arbeit, wo hohe Sicherheitsstandards entwickelt werden, kommt ihm diese Verhaltensweise sehr zugute und macht ihn wesentlich geeigneter als jemanden mit der sorglosen Einstellung: „Es wird schon gut gehen."

Vielleicht ist Ihnen aufgefallen, dass ich die Ängstlich- und Übervorsichtigkeit als Verhalten und nicht als Eigenschaft bezeichne. Unser Denken prägt unsere Sprache genauso, wie durch unsere Sprache Denkstrukturen geformt werden. Schnell entsteht aus der Beobachtung einer Verhaltensweise ein Glaubenssatz über eine unveränderliche Eigenschaft eines Menschen. Dem versuche ich entgegenzuwirken, indem ich beschreibe, was ich sehe und versuche, Interpretationen zu vermeiden.

Fähigkeiten und Stärken der Menschen sind sehr unterschiedlich. Das ist auch gut und richtig so, denn das macht unsere Individualität und Einzigartigkeit aus.

Wann wird eine Fähigkeit zu einer Stärke? Was sind Stärken und Schwächen, gute und schlechte Eigenarten? Diese Unterscheidungen entstehen durch Bewertungen, die natürlich recht willkürlich gesetzt werden, und von vielen gesellschaftlichen, kulturellen und wirtschaftlichen Faktoren abhängig sind. Darüber hinaus verändern sich Bewertungen ständig. Statt hierarchischem Denken ist heute beispielsweise oft Teamfähigkeit gefordert. Ob Verhaltensweisen als Stärken zu werten sind, hängt vom Kontext ab. Wenn Sie mit Freunden ein nettes Wochenende verbringen, wird Ihre Fähigkeit geschätzt, die Entscheidung über die Art und Weise der Freizeitgestaltung in der Gruppe diskutieren zu können. Wenn Sie bei einem Segeltörn im Sturm die Entscheidungen des Kapitäns diskutieren möchten, würden Sie wahrscheinlich über Bord geworfen.

Was hat das alles mit Sorgen und Grübeln zu tun? Sehr viel, denn beim Grübeln mischen sich Alltagsprobleme leicht mit grundsätzlichen Fragen wie: „Leiste ich genug?", „Bin ich gut genug für ...?", „Kann ich den Anforderungen genügen?", „Wie sehen mich die anderen?", „Bin ich überhaupt etwas wert?", „Schaffe ich das auch wirklich?", „Hätte ich das nicht besser machen können?"

Das sind Fragen nach dem Selbstwert; mit der realen Bedeutung der Probleme haben sie oft sehr wenig zu tun.

Und wie sehen Sie sich selbst? Haben Sie eine hohe oder eine geringe Meinung von sich? Oder konkreter: In welchen Lebensbereichen trauen Sie sich viel zu und in welchen wenig?

Gehen wir noch einmal zurück zu den oben genannten Beispielen.

Wie würde es sich auswirken, wenn Sie sich und Ihr Leben mit den Augen der wohlwollenden Lehrerin betrachten würden?

Denken Sie an das Beispiel des „ängstlichen Mannes". Welche Ihrer Verhaltensweisen könnten Sie neu bewerten? Welche Folgen hätte dies für Ihre Selbsteinschätzung?

Über unser Selbstwertgefühl entscheiden wir selbst. Die Sicht, die wir von uns haben, entsteht nur zum Teil aus den „objektiven" Gegebenheiten. Unsere Lebenserfahrungen und die Botschaften, die wir als Kind erhalten, verarbeiten und werten wir ganz individuell und prägen dadurch unser Bild von uns selbst. Wenn Kinder ständig auf ihre Schwächen und Fehler hingewiesen und abgewertet werden, ist es für sie natürlich sehr schwer, ein gutes Selbstwertgefühl zu entwickeln. Zu hohe Ansprüche, denen wir nicht genügen können, tragen das ihre zu einer Selbstabwertung bei.

Genauso wie Sie sich in der Vergangenheit Ihre Meinung über sich selbst bildeten, können Sie diese auch wieder ändern.

Wenn Sie sich bewusst sind, welche Stärken Sie haben, können Sie das in Ihrem Alltag nutzen. Sich an das Erfolgserlebnis einer bestandenen Prüfung zu erinnern, kann Ihre Angst vor der nächsten mindern. Wahrscheinlich gingen auch in der Vergangenheit nicht alle Prüfungen zu Ihrer Zufriedenheit aus, aber Sie wissen, dass Sie grundsätzlich Erfolg haben können.

Befindet sich die sorgenvolle Situation in einem Lebensbereich, in dem Sie Ihre Stärken sehen, können Sie sich diese relativ leicht vergegenwärtigen und darauf zurückgreifen.

Manchmal begegnen Ihnen aber auch Anforderungen in Bereichen, die leider nicht zu Ihren Stärken gehören. Pech gehabt? Sicher auch, aber nicht nur. Sie können durchaus auch Kraft aus Ihren anderen Fähigkeiten ziehen. Ein Kind, das hervorragend Fußball spielt, kann das Wissen um diese Begabung durchaus für die Mathematikarbeit nutzen, allein schon durch die Steigerung des Selbstwertgefühls. Es wird dadurch zwar nicht besser rechnen können, sich aber weniger blockiert fühlen. Statt des unbewussten inneren Satzes „Ich bin ein Versager!", lautet der jetzige „Ich kann etwas, wenn auch nicht gerade das, was im Augenblick von mir gefordert wird!"

Unsere Talente und Fähigkeiten sind ein Teil unserer Ressourcen. Mit ihnen ist schnell auch ein Leistungsgedanke verbunden. Die Menschen haben aber einen Wert jenseits ihrer Talente und Leistungen. Angesichts des Leistungsthemas, das viele grüblerische Gedanken durchzieht, kann es vielleicht besonders hilfreich sein, sich auf das Schöne zu besinnen, das ohne unser Zutun entsteht. Beliebige Glücksmomente, wie Erinnerungen an einen Urlaub, ein Konzert oder der Gedanke an ein leckeres Essen, können von Ihnen eingesetzt werden, um Ihren Sorgen etwas entgegenzusetzen.

Sammeln Sie Ressourcen!
Die gesamten Kraftquellen, aus denen wir im Alltag Kraft, Zuversicht, Ruhe und Gelassenheit schöpfen können, bilden unsere Ressourcen. Sie können unter anderem aus angenehmen Erinnerungen, positiven Gefühlen, Erkenntnissen oder Fähigkeiten bestehen. Aber auch Glaube, Visionen, Ziele oder Farben, Symbole und Klänge können Ressourcen darstellen.

Vergegenwärtigen Sie sich Ihre Ressourcen und steigen Sie hier schon ein klein wenig in deren bewusste Nutzung ein:

Finden Sie zehn Fähigkeiten und Stärken, die Sie besitzen. Es sollten wirklich zehn sein, damit Ihnen klar wird, dass Sie

mindestens so viele besitzen. Sie können aus beliebigen Bereichen stammen und müssen in keinem Bezug zu Leistungsanforderungen stehen.
Beispiele:
Ich kann gut rechnen.
Ich betrachte die Schwierigkeiten nicht nur oberflächlich.
Ich kann gut kochen.
Ich verstehe etwas von Gartenarbeit.
Ich kann mich manchmal sehr gut entspannen.
Ich kann konzentriert arbeiten.
Ich kann gut zuhören.
Ich kann gut mit Kindern umgehen.
usw.

Finden Sie zehn gute Erinnerungen beliebiger Art und Weise.
Beispiele:
Der spannende Film letzte Woche ...
Am Strand und richtig entspannt ...
Eine schöne Situation mit den Kindern ...
Sich im Wasser treiben lassen ...
Allein der Gedanke an die Einladung zum Essen ...
Schon die Vorfreude auf ...
usw.

Welche Fähigkeit oder positive Erinnerung ist für Sie zur Zeit am wichtigsten? Was aus Ihrer Sammlung könnte Ihnen im Alltag Mut und Kraft geben kann, wenn es mal nicht so läuft, wie Sie es gerne hätten?

Schreiben Sie sich diese Ressource auf oder nehmen Sie etwas als Symbol dafür. Dies kann ein beliebiger Gegenstand sein, ein Bild, etwas das Sie am Strand fanden, das Geschenk eines geliebten Menschen oder was immer für Sie persönlich passend ist. Es ist eine Art Eselsbrücke, die Ihnen leichter Zugang zu Ihren Ressourcen verschaffen kann.

Sie können Ihr Symbol oder einen Zettel mit Ihrem Erinnerungssatz so platzieren, dass Ihr Blick fast zwangsläufig darauf fällt, beispielsweise am Spiegel im Badezimmer oder auf Ihrem Schreibtisch. Wo immer Sie Ihre Ressourcen brauchen, können Sie sich an diese erinnern lassen.

Vielleicht ist Ihnen aufgefallen, das Sie in diesem Buch schon mehrfach mit Ihren Ressourcen in Kontakt gekommen sind. Wenn Sie sich in einen guten Zustand bringen, verwenden Sie dafür Ressourcen. Schon jetzt greifen Sie unbewusst in manchen Alltagssituationen auf Ihre Stärken und Erfahrungen zurück. Im folgenden möchte ich Ihnen zeigen, wie Sie Ihre Ressourcen noch zielgerichteter für sich nutzen können.

Auf Ihre Ressourcen zurückgreifen

Als Frau L. in der Adventszeit gehetzt die Straße überquert, riecht es nach Weihnachtsgebäck. Ihr Schritt verlangsamt sich, ihr Körper entspannt sich und auf ihrem Gesicht entsteht ein leichtes Lächeln. Sie fühlt sich in ihre Kindheit und die Vorweihnachtszeit versetzt, die sie als Kind sehr genossen hat. Sie hat nicht nur eine Erinnerung an diese Zeit, sondern sie erlebt sie wieder, mit allen dazugehörenden Gefühlen.

Bei Frau L. wurde ein „Anker" ausgelöst, die Nase nahm den weihnachtlichen Geruch wahr. Dadurch wurden auch alle anderen dazugehörenden Sinneseindrücke, die in der Kindheit mit Weihnachten verbunden waren, aktiviert. Die gesamte Situation entstand wieder, nicht als bewusste Erinnerung, sondern als ein „Gesamtzustand". Frau L. fühlte sich „wie an Weihnachten". Durch diese Ressource kam sie in einen wesentlich besseren, entspannteren Zustand.

Da alle erlebten Sinneseindrücke im Gehirn als Einheit gespeichert werden, werden sie auch gemeinsam wieder erinnert, sobald eine einzelne dieser Empfindungen erneut belebt wird.

Wenn Sie sich beispielsweise daran erinnern, wie Sie entspannt an einem Strand lagen, kann dies dazu führen, dass Sie das gesamte Urlaubserlebnis unbewusst wiedererleben.

Sie geraten dann wieder in eine ähnliche Stimmung, ein entsprechendes Gefühl und eine vergleichbare Laune wie damals, als Sie am Strand waren. Auch in Situationen, in denen die Sonne angenehm auf Ihren Körper scheint oder Sie das Rauschen des Meeres hören, kann dies dazu führen, dass Sie unbewusst eine vergangene Situation wiedererleben, Sie aber „nur" die dazugehörigen Gefühle wahrnehmen.

Ein Anker kann ein Geruch, ein Geräusch, ein Bild, ein Geschmack oder eine Körperwahrnehmung sein. Negative Erinnerungen werden genauso verankert und ausgelöst wie positive. Menschen, die unangenehme Schulerinnerungen haben, fühlen sich oft schlecht, sobald sie einen Klassenraum betreten. (Mohl, Der Zauberlehrling)

Beobachten Sie einmal, wie sich der Ausdruck Ihrer Mitmenschen verändert, wenn diese Ihnen von schönen Erinnerungen erzählen, von ihren Kindern, einem Traumurlaub und wundervollen Kindheitstagen. Diese Menschen geraten dann ganz offensichtlich in einen anderen Grundzustand.

Bei Frau L. wurde rein zufällig durch den Geruch ein Anker ausgelöst. Es besteht aber auch die Möglichkeit, Ressourcenanker gezielt zu „installieren" und dann bei Bedarf darauf zurückzugreifen.

Frau V. ist kürzlich die Leiterin eines Stadtteilprojekts für arbeitslose Jugendliche geworden. Projektträger ist ein Verein, der außer der relativ kleinen Einrichtung, in der sie tätig ist, noch weitere Projekte in der Region betreibt. Monatlich findet ein Treffen aller Leiter und Leiterinnen statt.

Frau V. sieht ihrem ersten Regionaltreffen ängstlich entgegen. Sie fühlt sich noch unsicher in ihrer neuen Rolle und hat Angst, von den „alten Hasen" als inkompetent angesehen zu werden.

Am Vorabend des Treffens nimmt sie sich etwas Zeit, um sich darauf vorzubereiten. Sie sucht in ihrer Erinnerung eine Situation, wo sie eine vergleichbare berufliche Herausforderung gemeistert hat. Das damit verbundene Gefühl der Stärke ankert sie anschließend. Dazu vergegenwärtigt sie sich die Situation noch einmal. Sie legt ihre Hände ineinander und drückt mit dem Daumen der rechten Hand unauffällig auf eine Stelle an der linken Hand. Dies macht sie genau zu dem Zeitpunkt, an dem sie das Gefühl von Kraft und Sicherheit am stärksten wiedererlebt.

Im Bewusstsein ihrer verankerten Ressource fährt sie zu dem Treffen. Dort ist sie dann in der Lage, bei Bedarf auf ihren Anker zurückzugreifen.

Anker zu „setzen" und zu verwenden ist leicht erlernbar. Wenn Sie sich gestresst fühlen, können Sie die Ressourcen aus einer relaxten Situation nutzen. Beim sorgenvollen Grübeln hilft eine Situation, in der Sie eine gute Lösung fanden.

Praxis im Anhang: „Ihr Rückgriff auf Ihre Ressourcen", Seite 169.

4. Lösungen finden

In den vorhergehenden Kapiteln lernten Sie schon einige Möglichkeiten kennen, Grübelfallen zu umschiffen. Als „Erste-Hilfe-Programm" können Sie erst einmal Abstand zu Problemen und Sorgen zu gewinnen. Viele Probleme vermögen Sie durch einen veränderten Umgang mit Ihren Gedanken zu lösen oder so zu betrachten, dass sie nicht mehr zum Grübeln verleiten.

In diesem Kapitel werde ich mich mit den verschiedenen Themen beschäftigen, über die bevorzugt gegrübelt wird. Dabei gibt es durchaus Überschneidungen und Überlappungen, da es sich oft um vielschichtige Themen handelt.

Ergänzend zu den schon genannten Gedanken und Methoden werde ich weitere vorstellen, die auf die verschiedenen Grübelthemen zugeschnitten sind.

Sorgen über die Zukunft: „Was kann alles passieren?"

„Wie werde ich das schaffen?", „Was ist, wenn das Untersuchungsergebnis schlecht ist?", „Was ist, wenn ich die Fenster nicht geschlossen habe?" Dies sind Fragen zu zukünftigen Ereignissen. Momentan können sie deshalb noch nicht beantwortet werden. Auch wenn die Tragweite der Dinge, über die wir uns Sorgen machen, sehr unterschiedlich ist, haben sie doch eines gemeinsam: Sie liegen außerhalb unseres gegenwärtigen Einflussbereiches.

Aber was können Sie ganz konkret unternehmen, wenn Sie sich Sorgen über die Zukunft machen?

Unterbrechen Sie zunächst die Problemtrance. Durch Bewegung oder entsprechende Übungen können Sie sich Abstand verschaffen. Anschließend können Sie einen bewussteren Blick auf die Realitäten richten. Sind Ihre Sorgen wirklich begründet? Es gibt Probleme, die zu ernster Sorge Anlass geben. Daneben gibt es aber auch unrealistische Ängste. Versuchen Sie, dies zu unterscheiden.

Besonders wenn wir gestresst sind, neigen wir aus der Überlastung heraus zum sorgenvollen Grübeln. Hier müssen Sie das Übel an der Wurzel packen. Steuern Sie gezielt einen entspannteren Zustand an. Viele Methoden, die ich in diesem Buch im Zusammenhang mit grüblerischen Gedanken vorstelle, eignen sich auch hervorragend zur Stressbewältigung und -vermeidung. Greifen Sie auf Ihre Ressourcen zurück. Diese können Ihnen Mut, Selbstvertrauen und Zuversicht geben. Besonders bei den „berechtigten" Sorgen benötigen Sie das.

Zukunftssorgen drehen sich nicht nur um existenzielle Fragen, sondern es geht oft auch um kleinere Alltagsdinge:
- Wenn nun das Wasser noch läuft?
- Wird das Wetter beim Grillfest auch mitspielen?
- Bringt der Lieferant das Material rechtzeitig?
- Deckt der angekündigte Sturm das Dach auch nicht ab?

Diese Sorgen sind meist unbegründet. Mit einem rationalen Blick darauf können Sie ihnen begegnen:
- Wie wahrscheinlich ist das und zu wie viel Prozent?
- Gibt es rationale Anhaltspunkte oder Beweise dafür?
- Wann habe ich mir in der Vergangenheit unnötige Sorgen gemacht?
- Unter welchen (unwahrscheinlichen) Vorraussetzungen kann es passieren?
- Was ist das Schlimmste, das passieren könnte?
- Was ist schlimm daran, wenn es wirklich passiert?
- Ergeben sich vielleicht sogar Vorteile, wenn dies eintrifft?

Um herauszufinden, wie schlimm etwas für Sie wäre, können Sie sich eine Skala vorstellen, die von Null bis Zehn reicht. Ein Ereignis, das in seinen Auswirkungen nahezu vollkommen unbedeutend ist, ordnen Sie nahe der Null ein. Den schlimmsten denkbaren Vorfall, der existenzbedrohend oder lebensgefährlich wäre, bewerten Sie mit über Neun bis Zehn. Wenn Sie Ihre aktuellen Sorgen auf dieser Skala betrachten, sehen sie vielleicht schon ganz anders aus.

Typisch fürs sorgenvolle Grübeln ist, dass dem Nachdenken keine Handlung folgt. Diese Untätigkeit verstärkt das Gefühl der Machtlosigkeit.

Manche Sorgen können Sie verringern, indem Sie sich Informationen besorgen. Manchmal ist es sinnvoll, die Beurteilung von Fachleuten hinzuzuziehen. Falls Sie darüber nachgrübeln, ob Ihre Rente reichen wird, dann spekulieren Sie besser nicht weiter, sondern klären Sie es mit fachkundiger Hilfe.

Wenn Sie sich Sorgen machen, dass mit Ihrem Herzen etwas nicht stimmt, kann Ihnen ein Kardiologe darauf wahrscheinlich eine Antwort geben. Bei ungerechtfertigten Sorgen werden Sie dann beruhigt sein, falls Sie aber wirklich ein Problem mit dem Herzen haben, ist es nur gut, das zu wissen, denn damit bietet sich Ihnen die Chance, etwas zu unternehmen.

Verändern Sie die Fragestellung! Anstatt darüber nachzugrübeln, was alles Schlimmes passieren könnte, können Sie für den „Ernstfall" planen. Was werden Sie ganz konkret unternehmen, wenn der eintreffen sollte? Dann sind Sie für diesen Fall vorbereitet. Wird er wirklich eintreffen, können Sie handeln und sind kein hilfloses Opfer mehr.

Überprüfen Sie auch, ob Sie wirklich schon zum jetzigen Zeitpunkt für den Notfall planen müssen. Vielleicht reicht es, erst einmal Abstand zu gewinnen und erst dann weiterzudenken, wenn es wirklich notwendig werden sollte.

Praxis im Anhang: „Die Sorgenbrecherstrategie", Seite 171.

Oft entspringt das Grübeln auch einem Bedürfnis nach Kontrolle: „Wenn ich **alles** bedacht habe, kann mir nichts mehr passieren". Nun ist nicht alles im Leben plan- und kontrollierbar.

Mit einer guten Vorausschau lassen sich viele unangenehme Überraschungen vermeiden. Planung kann also ein sinnvolles Programm zur Stressverminderung sein. Sie schlägt aber ins Gegenteil um und erzeugt Stress, wenn das rechte Maß verloren geht. Viele Ressourcen, Gedanken und viel Zeit werden gebunden. Das erhöht fast zwangsläufig die Gefahr, noch mehr zu grübeln, damit auch letzte Fehler im „perfekten System" aufgespürt werden können.

Auch wenn wir manchmal unangenehme Überraschungen erleben, können wir doch froh sein, dass nicht immer alles nach Plan läuft. Flexibilität und Spontaneität werden so gefordert, der „graue" Alltag bekommt mehr Lebendigkeit.

Auch angenehme Überraschungen kommen vor. Welche Ereignisse „gut" oder „schlecht" für uns sind, wissen wir darüber hinaus oft erst im Nachhinein.

In China lebte einst ein armer Bauer, der nur wenig Land, einen Sohn und ein Pferd besaß. Als ihm eines Tages sein Pferd fortlief, sagten die anderen Dorfbewohner: „Ach du Armer, welch ein Pech du hast". „Vielleicht", sagte der arme Bauer nur. Nach einiger Zeit kam das Pferd zurück und brachte eine ganz Herde prächtiger Wildpferde mit. „Du Glücklicher", riefen die Leute. „Vielleicht", war die Antwort. Als der Sohn versuchte, eines der Wildpferde zuzureiten, brach er sich ein Bein. „Du Ärmster, welch ein Unglück!" „Vielleicht", antwortet der Bauer abermals. Kurz darauf brach ein Krieg aus und die jungen Männer wurden eingezogen. Der Sohn des armen Bauern lag noch krank im Bett und musste nicht in den Krieg.

Falls Sie sich öfters Sorgen machen, die sich auf die Zukunft beziehen, können Sie sich auch vergegenwärtigen, dass diese in der Vergangenheit meist unbegründet waren. Eine Prüfung bestanden Sie, das Fenster hatten Sie geschlossen, den Auftrag wickelten Sie erfolgreich ab oder eine Rede vor einer Gruppe gelang Ihnen gut.

Diese Erfahrungen werden Sie wieder näher an die Tatsachen bringen.

Wenn Sie das Gefühl haben, irgendetwas würde ganz besonders Ihnen immer wieder passieren, können Sie sich folgende Fragen stellen:
➤ Ist es wirklich immer schief gelaufen?
➤ Wann war es einmal anders?
➤ Wann haben Sie eine ähnliche Situation gemeistert?
➤ Können andere Menschen damit wirklich besser umgehen?

Wenn Sie es in der Vergangenheit schon einmal geschafft haben, mit einer Situation anders umzugehen, können Sie das auch ein zweites Mal tun. Sie haben also Handlungsalternativen! Blicken Sie zurück und stellen Sie fest, wie Sie es damals gemacht haben. Sie können es wiederholen! Sie verhindern damit auch, dass Sie sich eine sorgenvolle Blickweise angewöhnen, die sich immer nur auf die negativen Aspekte des Lebens richtet.

Falls Sie das Gefühl haben, eher zu einer pessimistischen Sicht der Dinge zu neigen, betrachten Sie auch die Vorteile dieser Einstellung: Wo der Optimist fröhlich vorstürmend auf die Nase fällt, können Sie die Fallstricke rechtzeitig erkennen.

Sie müssen nur besser lernen, die Angelegenheit nach einer kritischen Betrachtung abzuschließen.

Leider machen wir uns nicht immer grundlos Sorgen. Schicksalsschläge können uns drohen oder auch eintreffen. In Zeiten der Ungewissheit, beispielsweise beim Warten auf einen ärztlichen Befund, ist es sicherlich hilfreich, erst einmal Abstand zu gewinnen, bis Klarheit herrscht. Distanz werden Sie auch benötigen, wenn der Befund für Sie ungünstig ausfällt oder ein anderes Unglück Sie heimsucht.

In diesem Fall ist sollten Sie sich Hilfe und Unterstützung suchen, auch von professionellen Helfern. Krankheiten und Verluste gehören zum Leben, mit allen damit verbundenen Gefühlen. Diese können wir nicht von uns fernhalten und sollten es auch nicht versuchen. Durch Rückgriff auf Ihre Ressourcen können Sie zu mehr Kraft und Gelassenheit in schwierigen Zeiten finden.

Entscheidungsgrübeln: „Wie soll ich mich entscheiden?"

„Soll ich oder soll ich nicht ...?", „Wäre es richtig, wenn ich ...?" In diese Lücken passen viele verschiedene Fragen hinein, recht unbedeutende Alltagsentscheidungen ebenso wie schwerwiegende Entschlüsse, die getroffen werden müssen. Scheinbar endlos kann das Für und Wider der verschiedenen Aspekte betrachtet und abgewogen werden. In der Regel wird dadurch der Zeitpunkt einer Entscheidung nur vor sich hergeschoben, eine zu treffen ist jedoch unausweichlich. Je länger der quälende Grübelvorgang dauert, desto wichtiger wird es, auch eine gute Entscheidung zu treffen: „Jetzt habe ich mir so viele Gedanken gemacht ..."

Durch Aussitzen wird das Problem nur umgangen. Auch wenn Sie scheinbar keine Entscheidung treffen, haben Sie sich doch entschieden, wenn die Zeit abgelaufen ist. Wenn Sie beispielsweise die Möglichkeit einer beruflichen Veränderung haben, sich aber nicht entschließen können zuzusagen, schlagen Sie das Angebot aus. Sie tun es nur auf passive Weise.

Wie können Sie Entscheidungen schneller treffen und Entscheidungsgrübeln vermeiden?

Später darüber nachzugrübeln, ob Sie sich richtig entschieden haben, ist müßig. Wenn es Sie trotzdem noch beschäftigt, empfehle ich Ihnen das Kapitel *„Und wenn das nun anders gewesen wäre?"*

Nun ein paar Tipps zur Entscheidungsfindung:
➤ Versuchen Sie, Entscheidungen, die Sie zum Grübeln veranlassen könnten, möglichst bald zu treffen, um sie aus der Welt haben. In dem Augenblick, indem Sie durch eine Entscheidung Fakten geschaffen haben, gehört das Grübeln der Vergangenheit an.
➤ Lassen Sie einmal getroffene Entscheidungen bestehen, es sei denn, es gibt überraschend neue Informationen.
➤ Falls Sie sich zum jetzigen Zeitpunkt nicht entscheiden wollen oder können, vertagen Sie ruhig. Entschließen Sie sich dazu sehr bewusst. Legen Sie einen Zeitpunkt fest, zu dem Sie die Entscheidung treffen werden. Um bis dahin nicht nachzugrübeln, halten Sie sich Ihren Kopf dadurch frei, dass Sie bewusst Abstand zum Problem suchen.
➤ Eine befriedigende Lösung werden Sie nicht immer finden. Manchmal bleibt nur die Suche nach dem „kleineren Übel". Bei wichtigen Entscheidungen ist die Abgrenzung zum nächstgrößeren Übel wichtig.

Der 31. Januar ist der Stichtag, bis zu dem ein Kind an einer weiterführenden Schule angemeldet sein muss. Diese für das weitere Leben recht bedeutende Entscheidung zu treffen, fällt Familie Z. nicht leicht. Als die Eltern merken, dass sie sich beide in Gedanken immer und immer wieder damit beschäftigen, beschließen sie: „Alle Informationen haben wir, am nächsten Samstagnachmittag setzen wir uns zusammen und treffen dann die Entscheidung. Bis dahin soll es kein Thema mehr für uns sein."

Bevor ich Ihnen weitere Strategien zur Entscheidungsfindung vorstelle, möchte ich erst einmal einen Aspekt darlegen, der mir wichtig ist: Eine typische Szene im Fernsehkrimi:

In einem Mordfall wird ein Verdächtiger verhaftet. Für den Staatsanwalt, den Polizeidirektor und die Mitarbeiter des Kommissars ist der Fall gelöst und soll zu den Akten gelegt werden. Einzig der Kommissar zweifelt an der Schuld des Verhafteten. Rational begründen kann er dies nicht: „Ich habe da so ein Gefühl." Später ergibt sich natürlich, dass der Kommissar mit seinem Gefühl Recht hatte. Aber woher kam dieses Gefühl? Bei der Aufklärung der Tat stellt sich dann in der Regel heraus, dass irgendwelche Fakten übersehen wurden.

Übersehen können Sie hier wörtlich verstehen: Sie waren vorhanden und hätten deshalb erkannt werden können.

Der Kommissar hat sie auch wahrgenommen. Im Gehirn sind der bewussten Wahrnehmung Kontrollinstanzen vorgeschaltet, die Informationen bewerten. Was als unbedeutend eingeschätzt wird, gelangt nicht ins rationale Bewusstsein. So geschah es mit den Spuren, die der Kommissar übersah. Diese waren aber sehr wohl im Unbewussten gespeichert worden, als ein Bild, ein flüchtiger Eindruck, der nicht ins rationale Gesamtbild der Tataufklärung passte.

Diese fehlende Übereinstimmung der bewusst und der unbewusst wahrgenommenen Fakten erzeugte im Falle des Kommissars eine „Ahnung", ein „Gefühl" oder eine „innere Stimme", dass etwas nicht stimmte.

Ein weiteres Beispiel: Sie treffen einen Bekannten. Er erzählt Ihnen, es ginge ihm zur Zeit hervorragend. Ihr Gefühl sagt Ihnen, das dies nicht stimmt. Warum haben Sie dieses Gefühl? Die Informationen, die wir von unserem Gegenüber erhalten, bestehen nur zum Teil aus dem Inhalt des Gesprochenen. Schätzungsweise achtzig Prozent der Botschaften werden nonverbal mitgeteilt.

Wenn Sie eine Rede lesen, erfahren Sie nur den Inhalt des dort Gesagten. Wenn Sie den Redner hingegen „live" erleben, erhalten Sie viele weitere Informationen, aus der Art der

Betonung, dem Gesichtsausdruck, der Körperhaltung. Auch wenn es uns meist nicht bewusst ist, nehmen wir viele dieser Signale wahr und können sie recht gut deuten. Unbewusst gleichen wir diese Informationen mit dem Inhalt der Worte ab. Wenn sie nicht zueinander passen, haben wir ein „komisches" Gefühl: „Da stimmt etwas nicht".

Unsere Gefühle sind also nicht völlig vage und zufällige Emotionen, sondern Ausdruck konkreter Wahrnehmungen und Erinnerungen. Sie haben eine gleichberechtigte Entscheidungskompetenz neben unserem rationalen Denken.

Manchmal fällt es uns schwer, eine Entscheidungen zu treffen. Mit zunehmendem Grübeln und sorgenvollem Nachdenken versuchen wir allein auf der rationalen Ebene zu einer Entscheidung zu kommen. Durch noch mehr „Denken" versuchen wir uns abzusichern. Dabei steigt die Entschlussunfähigkeit meist noch an.

Oft widersprechen sich die rationalen Überlegungen und das Gefühl. Nehmen Sie Ihre Gefühle und Ahnungen ernst und vertrauen Sie ihnen. Durch Ihre Sinne haben Sie Dinge wahrgenommen, die Ihrem Verstand verborgen blieben.

Versuchen Sie, Verstand und Gefühle in Einklang zu bringen. Bedenken Sie dabei auch, dass manchmal Fehlentscheidungen unvermeidlich sind. Es ist sicher stressfreier, damit gelegentlich zu leben, als viele Gedanken und Energie in die Vermeidung zu stecken.

Nicht immer ist es klug, sich von Gefühlen leiten zu lassen. Diese sind eben auch nur eine Seite der Medaille. Gerade in unserer komplexen Welt ist es angebracht, Sachverhalte gründlich zu bewerten und abzuwägen. Wenn Sie allerdings bei einer Entscheidung ein „komisches Gefühl" bekommen oder eine „innere Stimme" Sie eindringlich warnt, dann sehen Sie noch einmal genau hin und überprüfen Sie die „harten Fakten" noch einmal sorgfältig.

So können Sie die Bedeutung einer Entscheidung überprüfen:
- **Frage:** Was ist schlimm, wenn ich mich falsch entscheide?
- **Frage:** Ist dies eine schwerwiegende oder eine unbedeutende Entscheidung?

Zur Klärung dieser Frage können Sie sich eine Skala von Null bis Zehn vorstellen. Völlig belanglose Entscheidungen (Nehme ich Erdbeer- oder Schokoladeneis?) werden bei Null platziert, weitreichende Entscheidungen (Welchen Beruf ergreife ich? Sollen wir das Haus kaufen?) befinden sich bei Zehn.

Wenn Sie feststellen, dass es sich um eine unwesentliche Entscheidung handelt, können Sie diese ruhig schnell „aus dem Bauch" heraus treffen und das Thema ist für Sie erledigt. Vorsichtshalber können Sie vorher noch einen „Vertrag" mit sich selbst schließen. Sie verpflichten sich, anschließend keinen Gedanken daran zu verschwenden, ob es klug war, sich so schnell zu entscheiden. Auch die Entscheidung selbst werden Sie nicht mehr infrage stellen. Nur Rückschlüsse auf künftige Situationen erlauben Sie sich.

Falls Sie Entscheidungen über komplexe Angelegenheiten treffen müssen, beachten Sie folgende Kriterien:

- ***Wann treffen Sie Ihre Entscheidung?*** Legen Sie rechtzeitig fest, zu welchem Zeitpunkt Sie sich ganz gezielt und ausschließlich damit beschäftigen werden.
- ***Welche Informationen brauchen Sie vorher?*** Für manche Entscheidungen brauchen Sie Informationen. Wenn Sie sich diese rechtzeitig beschaffen und sie sichten, können Sie fundiertere Entscheidungen treffen.
- ***Wer kann Sie beraten und unterstützen?*** Sie müssen nicht alles selber wissen und können. Haben Sie keine Scheu, kompetente Menschen um Informationen und Rat zu fragen.

- ➤ *Welchen Zeitrahmen brauchen Sie?* Hüten Sie sich vor Grübelschleifen. Nehmen Sie vorher einen definierten Zeitrahmen ins Auge und vertagen Sie die Entscheidung, wenn Sie diese dann noch nicht gefällt haben.
- ➤ *In welchem Zustand sind Sie?* Sorgen Sie dafür, dass Sie in einem gutem Zustand sind, denn nur so können Sie auch gute Entscheidungen treffen. Außerdem sind Sie dann entscheidungsfreudig und verfallen nicht ins Grübeln.
- ➤ *Welchen Einfluss haben Sie?* Nicht alles in Ihrem Leben können Sie selbst beeinflussen, mit manchen Rahmenbedingungen müssen Sie einfach leben und diese akzeptieren.
- ➤ *Wie wichtig ist eine „perfekte" Lösung?* Es gibt keine perfekte Lösung, Sie können sich ihr nur annähern. Je näher Sie ihr kommen, desto mehr Energie benötigen Sie dafür. Selbst bei wichtigen Entscheidungen sollte der Aufwand, den Sie betreiben, in einem vernünftigen Verhältnis zum Problem stehen. Welchen Fotoapparat Sie sich kaufen, sollten Sie schneller entscheiden als die Wahl einer Lebensversicherung.
- ➤ *Das Gefühl zur guten Lösung.* Treffen Sie Ihre Entscheidungen mit „emotionaler Intelligenz", mit der Sie außer den offensichtlichen Fakten auch die unbewussten Informationen in den Entscheidungsprozeß mit einbeziehen.
- ➤ *Geht es um reine Sachfragen?* Häufig spielen Fragen wie: „Was werden die anderen denken? Schaffe ich es? Steht mir das überhaupt zu?" eine Rolle. Wenn dies der Fall ist, empfiehlt es sich, dazu erst einmal eine Position finden und nicht auf der scheinbaren Sachebene grübeln.

„Soll ich diesen Auftrag annehmen oder lieber nicht? Das Geld könnte ich gut gebrauchen, aber es käme eine sehr anstrengende und stressige Zeit auf mich zu." Herr K. ist als freier Journalist tätig und manchmal mit sich selbst uneinig, wenn er mit dieser Frage konfrontiert ist. Seit er die Methode der „inneren Verhandlung" kennt, kann er seine Entscheidungskonflikte besser lösen. Bei der Entscheidung über die Annahme des Auftrags ging er folgendermaßen vor:

Herr K. stellt sich vor, er hätte zwei Berater engagiert, die ihm zur Seite stehen. Nun sind die Berater in diesem Fall uneinig. Einer empfiehlt ihm, den Auftrag anzunehmen, der andere rät ihm ab. Beide versuchen dabei, seine Interessen zu wahren und die für ihn beste Lösung vorzuschlagen.

Als nächstes bittet er die beiden Berater, nacheinander ihre Empfehlungen zu begründen:

Berater A, *der für die Annahme der Auftrages ist, hat folgende Argumente:*

➤ *Als Selbstständiger kann er es sich kaum leisten, einen Auftrag abzulehnen, da er einen Kunden komplett verlieren könnte.*

➤ *In wirtschaftlich schwierigen Zeiten ist es sinnvoll, auch etwas Geld anzusparen.*

Berater B *vertritt die Ansicht:*

➤ *Die Familie muss auch zu ihrem Recht kommen und soll in diesem Fall den Vorzug haben.*

➤ *In der letzten Zeit gab es nur wenige Erholungsphasen und dieses elementare Bedürfnis darf auf Dauer nicht zu kurz kommen.*

Anschließend beginnen beide Berater einen Dialog, um ihre Sichtweisen weiter darzulegen und zu einer Lösung zu kommen. Wichtig ist dabei, dass beide sich gegenseitig schätzen und akzeptieren. Sie sind zwar unterschiedlicher Meinung, das gemeinsame Ziel, die beste Lösung für Herrn K. zu finden, verlieren sie nicht aus den Augen.

Abschließend finden die Berater die gemeinsame Lösung, dieses Mal den Auftrag wirklich abzulehnen und ihn an einen befreundeten Journalisten weiterzureichen. Sie einigen sich darauf, beim nächsten ähnlichen Konflikt neu zu verhandeln und besiegeln dies mit einem Handschlag.

Auch wenn Sie sich in dauerhaften Konflikten und Zwiespälten befinden, können Sie mit der „inneren Verhandlung" zu einer Lösung kommen. Die Berater beschließen dann einen Vertrag und Kompromiss auf Zeit. Am Ende des vereinbarten Zeitraums überprüfen Sie, ob es eine dauerhafte Lösung ist. Ansonsten „beauftragen" Sie Ihre inneren Berater, neue Lösungen für Sie zu finden.

Der Vorteil zweier Berater: Jeder kann seine Sicht darlegen, ohne abwägen zu müssen. So finden Sie auch besser heraus, zwischen welchen Polen Sie schwanken. Für jede dieser Positionen können Sie einen „typischen" Berater wählen, der Sie gut darstellen kann.

Auch wenn Sie nicht in einem Entscheidungskonflikt sind, in dem Sie zwischen zwei Möglichkeiten schwanken, kann eine „innere Beratung" für Sie sinnvoll sein. Stellen Sie sich den „inneren Berater" möglichst konkret vor. Sie können ihm oder ihr die Gestalt einer geeigneten Person oder eines Tieres geben, das Ihnen passend erscheint. Ein Fuchs gilt beispielsweise als schlau und listig und ein Elefant als klug und weise.

„Zwei Seelen wohnen, ach, in meiner Brust!" Wer kennt diesen berühmten Ausspruch aus Goethes „Faust" nicht?

Obwohl es sich gewiss nur um eine Seele handelt, drückt sich in dieser Metapher eine Situation aus, in der wir uns alle manchmal befinden.

Wir haben eine Idee oder ein Bedürfnisse meldet sich an. „Das ist sowieso unrealistisch", entscheiden wir dann schnell, bevor wir überhaupt weiterdenken können.

Die Stimme der Vernunft meldet sich mit gut gemeinten Einwänden: „Ja, aber ..." Die Schere im Kopf schneidet, bevor Sie Ihren Gedanken zu Ende gedacht haben. Grübelfallen tun sich auf. Eine Idee oder ein Bedürfnis wird schnell ignoriert, bevor versucht wird, Möglichkeiten der Verwirklichung zu finden. Wenn Sie Ihr Bedürfnis oder Ihre Idee nur oberflächlich verdrängen, wird es fortbestehen und Sie unzufrieden machen.

Walt Disney war wahrscheinlich deshalb so erfolgreich, weil er in der Lage war, Visionen zu entwickeln und diese dann erfolgreich umzusetzen. Er grübelte nicht: „Soll ich, kann ich ...?", sondern hatte eine erfolgreiche Strategie entwickelt, Entscheidungen zu treffen und dabei mehrere Aspekte zu berücksichtigen.

Er verhielt sich so, als hätte er tatsächlich mehrere „Seelen". Zu Beginn eines Projekts ging er in ein spezielles Arbeitszimmer, das sein Kreativraum war. Dort entwarf er Visionen, sammelte Ideen und ließ seiner Fantasie freien Lauf, ohne Rücksicht darauf, ob davon irgendetwas zu realisieren war. Nur so war er in der Lage, Träume zu entwickeln, ohne sich von seiner Schere im Kopf behindern zu lassen.

Anschließend erarbeitete er in einem weiteren Arbeitszimmer realistische Pläne zur Umsetzung seiner Ideen. Dabei ging er ganz pragmatisch vor. Dieser Raum war nur für diese Tätigkeit vorgesehen.

In einem dritten Raum beschäftigte er sich ausschließlich mit den Schwächen seiner Pläne. Um erfolgreich Ziele verfolgen zu können, müssen wir deren Mängel und Schwachstellen kennen. Dabei ist es wichtig, schonungslos vorzugehen, ohne die Angst, die schöne und geliebte Idee könnte sich dabei als Luftschloss erweisen.

Anschließend besuchte er wieder das Zimmer des Realisierers und berücksichtigte die Rückmeldung, die der „Kritiker" ihm gegeben hatte. Er wanderte so lange zwischen den Zimmern hin und her, bis er ein Ergebnis gefunden hatte, mit dem alle seine „inneren Mitarbeiter" zufrieden waren. Dabei achtete er immer strikt darauf, die Rollen, die er sich in jedem der drei Zimmer zugeteilt hatte, nicht zu vermischen. Um jeweils gut in die verschiedenen mentalen Zustände des Träumers, Realisierers und Kritikers zu gelangen, hatte er die einzelnen Räume entsprechend ausgestattet.

Robert Dilts, einer der Pioniere des NLP, beschäftigte sich mit dem Geheimnis des Erfolges von Walt Disney. Er fand heraus, dass ein wesentlicher Baustein dessen Aufteilung der Entscheidungsfindung auf drei Räume war. Die von ihm entwickelte „Walt-Disney-Strategie" ermöglicht es, diese Vorgehensweise nachzuvollziehen und zu nutzen.

Praxis im Anhang: „Die Walt-Disney-Strategie", Seite 173.

Weitere Hinweise zur Lösungssuche finden Sie im Kapitel „Strategien, um Ihre Ziele zu erreichen".

Grübeln über Anforderungen: „Mache ich das gut genug?"

Sie erwarten abends Gäste und möchten ein besonders gutes Essen zubereiten. Leider war die Zeit heute unerwartet knapp und Sie sind richtig im Stress und sehr abgehetzt, als Ihre Freunde erscheinen. Vielleicht fragen Sie sich hinterher, ob es dieses eine Mal nicht auch ein einfacheres Gericht getan hätte. Dann wäre der Abend für Sie selbst als Gastgeber schöner und genussvoller gewesen. „Aber die Gäste geben sich auch immer so viel Mühe, wenn sie uns einladen ..."

Herr M. ist selbstständiger Tischlermeister. Er ist ein hervorragender Handwerker und überwiegend im Möbelbau tätig. An seine Produkte hat Herr M. sehr hohe Ansprüche. Er überdenkt und verbessert alles immer wieder und verbringt deshalb extrem viel Zeit mit Planung und Ausführung. Weder genügt die Qualität seinen Anforderungen noch stellt ihn sein Verdienst zufrieden, der durch seinen unverhältnismäßig hohen Aufwand recht niedrig ist. Seine Kunden können in der Regel die besondere Qualität seiner Möbel als Laien nicht würdigen. Sie wären auch mit einer guten Standardqualität gut bedient gewesen.

Gute Arbeitsergebnisse, ein besonderes, selbst zubereitetes Abendessen, eine sportliche Leistung erfüllen uns mit Zufriedenheit.

Von Zeit zu Zeit brauchen wir solche Erfolgserlebnisse. Sie stellen kleine Höhepunkte im alltäglichen Leben dar und befriedigen unser Bedürfnis nach einem erfüllten und sinnvollen Leben. Hohe Ansprüche können sich also sehr positiv auf unser Wohlbefinden auswirken. Dieses Wohlbefinden sollte im Alltag ausreichend Beachtung finden und eine wesentliche Richtschnur unseres Handelns sein.

Oft befinden wir uns im Zwiespalt zwischen unseren Wünschen und Ansprüchen und den Gegebenheiten des Alltags. Hin und wieder sind unsere Ansprüche zu hoch und müssen dann an unser Maß angepasst und reduziert werden.

Welches das richtige Maß ist, können Sie nur für sich individuell klären, immer bezogen auf den aktuellen Kontext und die konkrete Situation.

„War das gut genug?", „Perfekt war das nicht gerade!", „Warum schaffe ich nicht, was andere können?"

In solche Fragen mischt sich oft auch der Aspekt: „Was denken die jetzt über mich?"

Grüblerischen Gedanken können Sie mit den folgenden Fragen begegnen:
➤ „Muss ich perfekt sein?"
➤ „Wer beurteilt das?"
➤ „Was ist mein Maß?"
➤ „Muss ich das wirklich? Oder möchte ich es nur?"

Achten Sie stärker auf Ihr eigenes Gefühl, um herauszufinden, was Sie persönlich zufrieden stellt. Ihre Intuition kann Ihnen ein wichtiger Ratgeber sein. Wenn Sie etwas tun, das im Augenblick nicht zu Ihnen und Ihrer Situation passt, dann äußert sich das meist in einem „schlechten Gefühl".

➤ Eine gute Mutter sollte ...
➤ In diesem Beruf muss man ...
➤ In deinen Alter solltest du ...
➤ Kinder brauchen ...
➤ In dieser Position erwartet man ...

Es gibt viele Anforderungen und Normvorstellungen in Umwelt und Gesellschaft. Es können gar nicht alle zu Ihnen passen. Natürlich können Sie einigen Ansprüchen nicht ausweichen und müssen sich ihnen anpassen, aber es gibt auch immer eigene Gestaltungsmöglichkeiten.

Der Kinderarzt und -analytiker D. H. Winnicott prägte den Begriff „good enough mother" für Mütter, die „gut genug" auf die Bedürfnisse ihrer Kinder eingehen. Da es keine „perfekten" Eltern und auch keine „perfekten" Kinder gibt, ist es ihm wichtig, dass die Ansprüche einem realistischen und damit auch menschlichen Maß entsprechen.

Auf die Beispiele der Gastgeberin und des Tischlers übertragen hieße das, statt einer perfekten Köchin oder einem perfekten Handwerker eine „ausreichend gute Gastgeberin" oder ein „genügend guter Tischler" sein zu wollen.

Die Lebenseinstellung „Ich bin ein ausreichend guter Mensch!" befreit von überhöhten Ansprüchen.

Wenn Sie sich überfordert fühlen, können Sie vielleicht einmal Dinge tun, die sonst nicht Ihr Stil sind:
➤ Sie könnten abends ein Fertiggericht servieren, anstelle von etwas Selbstgekochtem.
➤ Anstatt die Gäste zu versorgen, könnten Sie auch einmal zu einer „Mitbringparty" einladen.
➤ Vielleicht können Sie etwas liegen lassen, obwohl es **eigentlich** getan werden **müsste**.
➤ Manchmal könnten Sie auch Kollegen bitten, Sie im Augenblick zu entlasten.

➤ Hin und wieder können Sie unter Umständen „auch mal fünf gerade sein lassen".

Obwohl sie mit der Ausrichtung ihres Lebens insgesamt zufrieden war, ging Frau P. immer wieder kritisch mit sich „ins Gericht", wenn sie sich in einzelnen Punkten nicht „gut genug" fühlte.

Hierdurch wurde ihr vieles verleidet: „Das hättest du aber besser machen können!", „Die Carla macht das immer mit links!", sagte sie oft zu sich selbst.

Ihre Therapeutin bat sie, dieser „inneren Kritikerin" eine Gestalt zu geben: „Wer meckert an Ihnen herum? Stellen Sie sich diese Gestalt als eine konkrete Person vor. Ist sie eher männlich oder weiblich? Wie groß ist sie? Wie ist sie gekleidet? Handelt es sich eher um ein Fantasiewesen, eine Märchengestalt? Welche Ausstrahlung geht von ihr aus? In welcher Tonlage spricht sie zu Ihnen? Wo würde sie sich befinden, wenn Sie ihr eine Position im Raum geben?"

Frau P. fand eine passende Figur. Anschließend bat Ihre Therapeutin sie, sich klar zu machen, dass ihre „innere Kritikerin" auch ein Teil von ihr selbst ist.

Würde dieser Teil die ganze Persönlichkeit ausfüllen, könnte sie sich gar nicht über ihn ärgern oder von ihm belästigt fühlen. In ihr muss es noch mindestens eine andere Seite geben, die sich über die innere Kritik aufregt, einen Teil, der sich mehr Genuss und Leichtigkeit im Leben wünscht.

„Versuchen Sie, auch für diesen Anteil Ihrer Persönlichkeit eine passende Figur zu finden. Wie würde die Figur aussehen, die Sie am meisten dazu verlocken könnte, dieser leichteren Seite des Lebens nachzugeben? Womit könnte sie auch die `Kritikerin´ überzeugen?", frage die Therapeutin Frau P. anschließend.

Als Frau P. auch die zweite Figur gefunden hatte, ermunterte die Therapeutin sie, die beiden Figuren in einen Dialog treten zu lassen, um ein ausgewogeneres Verhältnis zueinander auszuhandeln.

Sie schlug vor, sich die beiden auf einer Wippe vorzustellen: „Wenn Sie bisher sehr kritisch mit sich umgegangen sind, hatte Ihre kritische Seite ein übermäßiges Gewicht und hielt ihre Seite der Wippe unten. Ihre `leichte´ Seite blieb in der Luft hängen. Versuchen Sie auf keinen Fall, den Kritiker ganz zu verbannen. Es geht vielmehr darum, beide Seiten in ein gutes Gleichgewicht zu bringen. Dazu braucht zunächst die `leichte´ Seite mehr Nahrung!"

Frau P. konnte anschließend mit ihrer inneren Kritik viel besser umgehen. Ihre Therapeutin gab ihr noch den Tipp, auch die Stimme des Kritikers zu verändern. Statt der bisherigen, die anklagend nörgelte, sollte es in Zukunft eine angenehme Stimme sein, die ihr unverbindliche liebevolle Ratschläge gab.

Versuchen Sie einmal, sich ein Bild davon zu machen, wie Ihr „Innerer Kritiker" aussehen könnte. Wenn er Sie an eine Person erinnert, die Sie kennen, können Sie sich fragen, was diese Person an sich hat, um zu Ihrem Kritiker werden zu dürfen. Meist sind es irgendwelche konkreten Eigenschaften anderer Menschen, auf die wir „anspringen" und die uns das Gefühl geben, im Vergleich mit ihnen kleiner und unvollkommener zu sein. Versuchen Sie, diese „Anker" so genau wie möglich zu identifizieren, um ihnen nicht unvorbereitet ausgesetzt zu sein. Wenn Sie sich kleiner fühlen, sind Sie innerlich wahrscheinlich in die Position eines Kindes geraten. Das passiert allen Menschen in Situationen, die ein Gefühl von Überforderung hervorrufen. Besinnen Sie sich auf Ihr tatsächliches Alter und die Fähigkeiten, die Sie als Erwachsener besitzen und verweisen Sie ihren „inneren Kritiker" auf seinen Platz.

Leistungsansprüche, die nicht zu erfüllen sind, können Sie leicht ins Grübeln bringen. Vordergründig stellt sich dann die Frage: „Warum schaffe ich das nicht?" Normalerweise geben Sie sich die Antwort: „Weil ich nicht gut genug bin". Die Antwort könnte aber auch sein: „Weil die Anforderungen zu hoch sind, ist es einfach nicht zu schaffen".

Was können Sie nun konkret tun?
➤ Wenn Sie schon tief im Grübeln stecken, ist es sinnvoll, erst einmal auf Abstand zu Ihrem Problem zu gehen.
➤ Sie können Ihre Maßstäbe infrage stellen. Überprüfen Sie Ihre Glaubenssätze und versuchen Sie, Ihre Ziele und Ansprüche neu zu bewerten, „reframen" Sie diese.

Falls Sie überhöhte Leistungsanforderungen haben, können Sie nach deren Gründen Ausschau halten: Es kann durchaus sein, dass Ihre hohen Ansprüche Reaktionen auf Anforderungen sind, die in der Kindheit an Sie gestellt wurden. Elternhaus und Schule förderten diese Lebenseinstellung unter Umständen. Heute nehmen vielleicht andere Personen in Ihrem Leben diese Position ein und verkörpern diese Ansprüche.

Deshalb geht Ihr Hadern mit dem Leistungsthema vielleicht weit über die oben angesprochenen Alltagssituationen hinaus. Wenn Sie sich nicht nur in einzelnen Situationen unter unnötigen Erfolgsdruck setzen, sondern ein Gefühl des Ungenügens weite Bereiche Ihres Lebens durchzieht, sollten Sie sich fragen, ob Sie nicht den für Sie falschen Maßstäben hinterherjagen.

Zufriedenheit stellt sich im Leben am leichtesten dann ein, wenn die Anforderungen, denen wir ausgesetzt sind, gut zu unseren Fähigkeiten und aktuellen Möglichkeiten passen. Dies ist natürlich ein Idealzustand. Eine Annäherung daran ist die Vorraussetzung für Erfolgserlebnisse. Hängen wir die

Messlatte zu hoch, geraten wir unter Stress und zweifeln an unserem Selbstwert.

Vielleicht ist jedoch gar nicht die Höhe ihrer Messlatte das Problem, sondern Sie starten in der falschen Disziplin.

Um im Bild der Messlatte zu bleiben: Es wäre unsinnig, wenn ein guter Marathonläufer sich für einen schlechten Sportler halten würde, nur weil er im Hochsprung schwach ist.

Herr A. war jahrelang im Außendienst eines größeren Dienstleistungsunternehmens tätig. Er fühlte sich von den dort gestellten Anforderungen ständig überfordert. Ihm wurde klar, dass diese Arbeit nicht zu ihm passte und er sie sich hauptsächlich ausgesucht hatte, weil er glaubte, dort beruflich besser voranzukommen. Auch das Image eines jungen, dynamischen Mannes hatte ihm immer viel bedeutet.

Herr A. schaffte es, in den Innendienst zu wechseln. Dort verdiente er zwar etwas weniger, aber dieser Arbeitsplatz lag ihm viel mehr und dies hatte erhebliche positive Auswirkungen auf sein gesamtes Leben.

Wenn Sie immer wieder schmerzhaft an Ihre Grenzen stoßen, sollten Sie sich fragen, ob Sie sich ein für Sie stimmiges berufliches Umfeld ausgewählt haben oder ihre Neigungen in eine ganz andere Richtung gehen. Wären Sie auf einer anderen „Laufbahn" glücklicher? An dieser Stelle könnte sich ein Rückblick lohnen, was Sie auf die bisher eingeschlagene Bahn gebracht hat. Dasselbe gilt auch für den Freizeitbereich. Hobbys und Aktivitäten, die „in" und chic sind, müssen nicht zu uns passen.

Häufig orientieren sich Menschen an Lebenszielen, die ihre Eltern für sie entworfen haben. Der bekannte Familientherapeut Helm Stierlin hat hierfür den Begriff „Delegation" geprägt.

Recht offensichtlich ist dies, wenn z. B. die Erwartung besteht, den elterlichen Betrieb weiterzuführen. Aber auch subtiler und nicht nur auf die berufliche Karriere bezogen übertragen Eltern oft die eigenen Sehnsüchte und Wünsche, die in ihrem Leben unerfüllt blieben, auf ihre Kinder. Eine solche Delegation muss nicht deutlich ausgesprochen werden. Kinder spüren die Wünsche ihrer Eltern und versuchen aus Loyalität von sich aus, ihnen gerecht zu werden. Manche gehen in Widerstand zu den elterlichen Erwartungen und versuchen, das Gegenteil zu tun. Auch damit beziehen sie sich in der Ausrichtung ihres Lebens auf die Eltern und bleiben an sie gebunden.

Ansprüche aus der Herkunftsfamilie können eine wichtige Antriebskraft sein und helfen, Ziele zu erreichen. Zum Problem werden sie erst, wenn Wünsche der Eltern nicht zum Temperament, den Interessen und den Talenten des Kindes passen. Wenn widersprüchliche Erwartungen bestehen, können diese sich gegenseitig blockieren.

Wenn Sie Ihr Leben nach den Erwartungen der Eltern ausgerichtet haben, können Sie Ihren Blick auch auf die Vorteile richten, die Ihnen dies vielleicht gebracht hat. Unter Umständen hat es Sie vorangebracht und Ihnen geholfen, Schwellen zu überschreiten, die Sie sich sonst nicht zugetraut hätten.

Wenn Sie den Eindruck haben, das die elterliche Delegation nicht zu Ihnen passt, erlauben Sie es sich, den Auftrag zurückzugeben.

Bedenken Sie: Delegationsprozesse laufen von beiden Seiten unbewusst und nicht in böser Absicht. Betrachten Sie auch die Lebensgeschichte Ihrer Eltern, in welcher Zeit sie aufwuchsen und welche Möglichkeiten ihnen zur Verfügung standen.

Gehen Sie davon aus, dass jeder Mensch versucht, sein Leben bestmöglich zu bewältigen. Auch Eltern wollen das Beste für ihre Kinder. Wenn Sie dies bedenken, wird es Ihnen vielleicht leichter, sich das innere Einverständnis Ihrer Eltern zu holen, wenn Sie Ihr Leben neu ausrichten wollen.

Den meisten Eltern ist wichtiger, dass ihre Kinder glücklicher werden, als dass diese genau die vorgegebenen Ziele verfolgen.

Bleiben Sie in der Gegenwart, statt in die (verpasste) Vergangenheit zu schauen, richten Sie lieber Ihren Blick in die Zukunft. Welche anderen Möglichkeiten stehen Ihnen jetzt offen und wie können Sie Ihr Leben aktiv gestalten?

Es kann sehr hilfreich sein, die Zurückgabe eines Auftrags sehr konkret im Geiste durchzuspielen und die ganze Angelegenheit mit einem Abschlussritual zu beenden.

„Man sollte die Latte immer so hoch hängen,
dass man noch bequem
darunter hindurchgehen kann."

(Trenkle, Aha!-Buch)

Grübeln über Beziehungen: „Wie sehen mich die anderen?"

„Warum hat Frau F. mich heute nicht gegrüßt? Hat sie mich nicht gesehen oder hat dies andere Gründe?" Oder: „Jemand anderes hat jetzt diese interessante Aufgabe übernehmen können, wurde mir das nicht zugetraut?", „Wenn ich nur wüsste ..."

Der, die das – Wer, wie, was?
Wieso, weshalb, warum?
Wer nicht fragt, bleibt dumm!
Oder grübelt!

Die Botschaft der Erkennungsmelodie der Sesamstraße ist klar und eindeutig. Durch Fragen bekommen wir Informationen.

Dadurch erübrigen sich viele Spekulationen. Manche Fragen stellen wir als Erwachsene aber nicht gerne, es drohen durchaus Fettnäpfchen.

Einige unserer Fantasien über unsere Mitmenschen sind sicher unbegründet und ähneln denen des Mannes, der einen Hammer benötigte, wie es Paul Watzlawick in seiner Geschichte beschreibt.

Es könnte durchaus peinlich sein, sie zu offenbaren. Angenehm ist es auch nicht, wenn die Vermutungen zutreffen und bestätigt werden.

Es gibt jetzt drei Möglichkeiten:
➤ die ganze Angelegenheit vergessen,
➤ durch Nachfragen klären,
➤ oder weiter grübeln.

Welche Lösung für Sie infrage kommt, müssen Sie von Fall zu Fall entscheiden.

➤ **Weiter „grübeln"** ist eine durchaus ernst gemeinte Variante, aber nur unter einer Vorraussetzung. Sie richten Ihren Fokus dabei nicht so sehr auf die Sorgen, dass das Verhalten der anderen etwas Negatives für Sie aussagt. Es wird Ihnen besser gehen, wenn Sie dieses „Negativgrübeln" aus Ihrem Repertoire streichen.

Wenn Sie gezielt auf die positiven Seiten blicken, können Sie Ihrem Einfallsreichtum freien Lauf lassen und höchstinteressante Möglichkeiten für das Verhalten anderer Leute (er)finden. Eine Menge von Erklärungen sind denkbar und in der Fantasie durchspielbar.

„Frau F. hat heute nicht gegrüßt? Das ist vielleicht deren eigenes Problem. Vielleicht hat sie Streit mit ihrem Mann oder ihr gingen wichtige Probleme im Kopf herum? Schade für Frau F., wenn sie so unaufmerksam ist. Und wenn sie wirklich auf mich ärgerlich ist? Selbst schuld, wenn sie dies nicht anspricht, ist das wirklich ihre eigene Schwierigkeit und nicht meine. Auf das Wohlwollen von Frau F. kann ich gerne verzichten!"

Auch dies wären Möglichkeiten, mit der Situation umzugehen, anstatt sich die Frage zu stellen: „Habe ich etwas falsch gemacht, weil ...?" Die Verhaltensweisen anderer Menschen haben oft nichts mit uns persönlich zu tun. Passen Sie auf, dass Sie nicht zuviel auf sich beziehen. Vielleicht hat Ihr Chef nur Ärger mit seiner Frau, wenn er an Ihrer Arbeit herummeckert.

Hier ist eine „systemische Denkweise" hilfreich. Alles hängt mit allem zusammen und beeinflusst sich wechselseitig. Im „linearen Denken" handelt A und B reagiert darauf. In Wirklichkeit beeinflusst A auch noch C, D usw. Die beeinflussen wiederum sich gegenseitig und natürlich auch A und B. Festzustellen, was letztendlich Ursache und was Wirkung war, ist nicht möglich. Wie sich eine andere Person Ihnen gegenüber verhält, muss nichts mit Ihnen zu tun haben. Sollte dies doch der Fall sein, ist immer noch offen, was es mit Ihnen zu tun hat.

➤ **Die ganze unangenehme Angelegenheit vergessen,** können Sie mit Hilfe einer der Distanzierungstechniken, die in diesem Buch dargestellt werden. „Das Problem verkleinern" wäre eine Möglichkeit.
  Vielleicht ist die ganze Angelegenheit gar nicht wichtig genug für Sie, um sich damit zu beschäftigen und Sie können „darüber stehen". Dies erfordert unter Umständen einiges Selbstvertrauen und Rückgriff auf Ihre Stärken und Ressourcen.

➤ **Nachfragen** ist die dritte und eigentlich auch einfachste Verhaltensmöglichkeit. Sie können damit eine Klärung erreichen, warum Frau F. nicht gegrüßt hat. Dann müssen Sie nicht mehr grübeln und entgehen der Gefahr, Ihr Verhältnis zu Frau F. zusätzlich zu belasten. Diese hat vielleicht wiederum ihre eigenen Phantasien über Sie: „Jetzt tut sie so, als wäre nichts gewesen. Das ist typisch!"

Woran Frau F. Anstoß genommen hatte, werden Sie ohne Nachfragen vielleicht nie erfahren und können deshalb nichts zu einer Klärung beitragen.

Falls es Ihnen schwer fällt, Ihre Mitmenschen auf unangenehme Dinge anzusprechen, wird es Ihnen mit der beschriebenen Vorgehensweise leichter fallen:

➤ Überlegen Sie sich jetzt schon, wie Sie im entscheidenden Moment in einen guten und selbstbewussten Zustand kommen werden. Greifen Sie auf Ihre Ressourcen zurück. Sie können diese auch ankern, um sie leichter zur Verfügung zu haben. Es eignet sich eine konkrete Erinnerung an eine vergleichbare Situation, die gut für Sie „gelaufen" ist.
➤ Visualisieren Sie die zukünftige Situation. Stellen Sie sich möglichst genau vor, wie Sie mit Ihren Ressourcen versehen konkret vorgehen werden.

Wenn Sie darüber grübeln, wie andere Sie sehen, achten Sie auf den Maßstab, den Sie für sich anlegen. Eigene Wertvorstellungen und ein eigener Standpunkt machen uns unabhängiger von fremden Meinungen. Da wir als Menschen in sozialen Zusammenhängen leben, kann uns die Meinung von Freunden und Menschen unserer Umgebung nicht gleichgültig sein. Wenn diese aber **der** Maßstab ist, den wir für uns selbst anlegen, wird er wahrscheinlich nicht zu uns passen.

Eigene Wertvorstellungen und ein eigener Standpunkt machen uns unabhängiger von fremden Meinungen. Dabei können wir unseren Mitmenschen ein paar unserer Eigenarten durchaus „zumuten".

Im letzten Kapitel beschäftigte ich mich mit Aufträgen, die von Familien vergeben werden. Aber auch von anderen Menschen Ihrer Umgebung haben Sie vielleicht Aufträge angenommen. Es können sogar solche sein, die Ihnen gar nicht erteilt wurden.

Wenn wir darüber nachgrübeln, was andere über uns denken, meinen wir vielleicht deren Kontrollblick zu verspüren, ob wir uns auch entsprechend verhalten. Es kann dabei um scheinbar banale Dinge gehen: „Was sollen die Nachbarn denken, wenn ich den Garten nicht ordentlich pflege?", „Meine Freunde werden nicht verstehen, warum ich ...?" Auch Entscheidungen wie die Schulwahl für die Kinder werden oft von den Meinungen letztendlich unbeteiligter Dritter abhängig gemacht.

Reichlich Stoff zum Grübeln entsteht ebenso durch unklare Kommunikation, die Missverständnisse verursacht.

Als einmal ein Freund unserer Kinder bei ihnen übernachtete, sagte ich ihnen, dass sie um 22.30 Uhr das Licht ausmachen sollten. Noch gegen 23.00 Uhr war eine Kassette aus dem Zimmer zu hören. Auf mein Schimpfen reagierten sie überrascht: „Du hast gesagt, wir sollen das Licht ausmachen und das Licht ist aus!"

Ein typisches Missverständnis, wie es oft vorkommt und schnell zu Missstimmung und Streit führen kann.

Im Gegensatz zu einem notariellen Vertrag, der alles sehr genau regelt und keinerlei Interpretationsspielraum lassen sollte, vertrauen wir in der alltäglichen Kommunikation darauf, dass unser Gegenüber uns versteht. Je besser Menschen sich kennen und ihre Modelle von der Welt übereinstimmen, umso weniger Kommunikationsprobleme gibt es. Wir verlassen uns darauf, dass vieles aus dem Sinnzusammenhang verständlich wird.

„Alles klar mit Morgen?", „Von mir aus klappt es!" Mit

diesen für alle Zuhörer vollkommen unverständlichen Sätzen bestätigen zwei Freunde, die sich zufällig morgens in der Bäckerei treffen, die Verabredung für den nächsten Tag.

„Lass uns am Sonntag früh zu unserer Wanderung aufbrechen". Für jemand der gerne lange schläft, mag das 10.00 Uhr sein, mancher Frühaufsteher geht bei dieser Botschaft von 6.00 Uhr aus. Genauigkeit in der Kommunikation vermeidet Missverständnisse und Stress.

Ein gute Methode, um sicherzugehen, dass der Empfänger wirklich die Botschaft erhalten hat, die ich ihm übermitteln wollte, stellt die von dem Therapeuten Carl Rogers entwickelte Methode des „aktiven Zuhörens" dar. Die Person, die einer anderen eine Botschaft vermitteln will, sendet diese ab. Das Gegenüber empfängt diese Botschaft. Da sehr oft ein Interpretationsspielraum besteht, wird die Botschaft vom Empfänger „entschlüsselt". Dabei sind Fehlinterpretationen natürlich an der Tagesordnung. Um dies zu vermeiden, teilt der Empfänger der Botschaft dem Sender mit, was er verstanden hat.

Im folgenden ein Beispiel aus dem Buch „Familienkonferenz" von Thomas Gorden:

Ein Kind sagt nörgelig: „Wann gibt's Essen?"

Nun kann diese Aussage verschieden gedeutet (entschlüsselt) werden:

➤ Es will bald essen, damit es danach spielen kann.
➤ Es hat Hunger.
➤ Es langweilt sich gerade.
➤ usw.

Der Botschaftsempfänger entscheidet sich für die Variante Hunger:
Elternteil: „Du hast Hunger?"

Wenn die Interpretation richtig ist, wird das Kind das bestätigen, ansonsten zum Beispiel sagen:
„Nein, ich will endlich Spielen gehen!"

Wenn wir kommunizieren, teilen wir einen sehr bedeutenden Teil der Informationen nonverbal mit. Anhand von Gestik, Mimik, der Körperhaltung, einem leichten Erröten teilen wir oft mehr mit als durch den Inhalt unserer Worte.

Durch die Stimmlage, Betonung, Dehnung und Sprechgeschwindigkeit bestimmen wir die Inhalte des Gesagten mit und erhöhen damit noch den Interpretationsspielraum. Erinnern Sie sich an die „komischen Gefühle", die wir bei manchen Äußerungen unserer Mitmenschen haben?

Auch die Beziehung, die wir zu unseren Kommunikationspartnern haben, spielt eine Rolle.

Wenn wir uns mit anderen Menschen persönlich auseinander setzen, teilen wir im Gespräch auch etwas über uns selbst mit, über unsere Wünsche und Erwartungen. Häufig erteilen wir dabei versteckte Aufforderungen.

„Das Geschirr ist noch nicht abgewaschen," kann eine vollkommen neutrale Feststellung sein. Mit einem gewissen Unterton kann auch die Botschaft übermittelt werden: „**Du** hast das Geschirr noch nicht abgewaschen! Das habe ich von **dir** erwartet, jetzt mach es aber sofort!"

Wenn Botschaften nicht versteckt, sondern offen ausgesprochen werden, bleibt weniger Raum für Interpretationen und Missverständnisse. Manches Nachgrübeln über die Frage, wie etwas gemeint war, erübrigt sich.

„Ich fühle mich nicht für den Abwasch verantwortlich und ich möchte, dass du ihn jetzt erledigst." Das sind klare Worte mit offenen Botschaften. Der Sprecher macht seinen Standpunkt klar, wenn er von sich selbst spricht und **Ich-Botschaften** sendet. Das Beispiel des Abwaschens wird Ihnen vielleicht banal erscheinen, aber ich bin der Ansicht, dass der überwiegende Teil unserer Probleme recht nichtige Anlässe hat.

Wenn Sie bei den Ich-Botschaften auch Ihre Gefühle mit benennen, wird Ihre Position und damit Ihre Kommunikation klarer.

Um bei dem bisherigen Beispiel zu bleiben: „Ich war gestern Abend enttäuscht, als ich nach Hause kam, dass du noch nicht gespült hattest. Ich hätte mir das gewünscht."

Von Ihren Kommunikationspartnern erfahren Sie mehr, wenn Sie „offene Fragen" stellen. Bei der Frage: „Wie ist es mit der Deutscharbeit gelaufen?" geben Sie Ihrem Kind die Möglichkeit, über die Arbeit zu berichten und zu erzählen, wie es ihm dabei ging. Auf die „geschlossene Frage": „War die Deutscharbeit schwer?" legen Sie nahe, nur mit „Ja" oder „Nein" zu antworten.

Durch Kommunikation können wir uns Informationen beschaffen, die das Grübeln überflüssig machen. Wenn der Mann, der den Hammer seines Nachbarn benötigte, diesen zuerst gefragt hätte, wäre die Geschichte für ihn besser verlaufen.

Die folgenden Regel können hilfreich sein, die eigene Kommunikation zu überprüfen:
- **Nehmen Sie Ihren Gesprächspartner ernst?**
- **Verhalten Sie sich herablassend, ironisch und werten den anderen ab?**
- **Bleiben Sie gedanklich bei der Sache?**
- **Hören Sie wirklich zu und lassen Sie Ihr Gegenüber ausreden?**
- **Sind Sie offen für andere Standpunkte oder warten Sie nur auf ein Stichwort für Ihre Argumente?**

Zurück zur Ausgangssituation, in der Sie über das Verhalten von jemand anderem gegrübelt haben. Sie waren in der Position des „Empfängers" einer Botschaft. Diese kann durchaus „nonverbal" sein, beispielsweise durch einen offensichtlich unterlassenen Gruß. Versetzen Sie sich jetzt einmal in die Position des „Senders" einer Mitteilung.

Um Licht in die Vielzahl der Interpretationsmöglichkeiten zu bekommen, können Sie übermittelte Botschaften aus verschiedenen Perspektiven betrachten. Falls Sie dazu neigen, vieles persönlich zu nehmen und auf sich zu beziehen, kann dies zur Klärung hilfreich sein.

Betrachten Sie dies einmal im Fall einer Botschaft, die Sie an jemand andere „gesendet" haben und von dieser Person scheinbar falsch verstanden wurde:

➤ **Welche Botschaft sendeten Sie?**
  ➤ Welches Anliegen hatten Sie?
  ➤ War es eine Ich-Botschaft?
  ➤ Haben Sie versteckte Aufforderungen gesendet?
  Hierdurch reflektieren Sie Ihre Botschaft.

➤ **Versetzen Sie sich in den Empfänger.**
  ➤ Wie kann er Ihre Mitteilung aufgefasst haben?
  ➤ Wie würden Sie sich an seiner Stelle fühlen?
  ➤ Wie würden Sie in diesem Fall handeln?
  Dies bietet die Möglichkeit, seine Reaktion zu verstehen und zu akzeptieren.

➤ **Betrachten Sie alles, als wären Sie eine unabhängige dritte Person.**
  ➤ Stellen Sie sich vor, Sie wären eine dritte Person, die das Gespräch beobachtet.
  ➤ Wie sehen Sie die Positionen der beiden?
  ➤ Was wurde gesendet und was empfangen?
  Von einem neutralen Standort aus ergeben sich neue Perspektiven.

Grübeln über Konflikte:
„Wie soll ich mit dem/der nur klarkommen?"

Herr G. hatte einen sehr heftigen Streit mit einem Arbeitskollegen. Dieser war meist ein umgänglicher Mensch, in Auseinandersetzungen wurde er hingegen oft heftig und vertrat seinen Standpunkt mit einer Vehemenz, gegen die sich Herr G. nicht behaupten konnte. Bei ihm erzeugte dieses Verhalten geradezu Angst, darum war es ihm auch nicht möglich, den Konflikt auszutragen. Da er sich vor weiteren Auseinandersetzungen fürchtete, fühlte er sich sehr gestresst und grübelte häufig über Lösungsmöglichkeiten nach.

Im Kurs über Stressbewältigung erzählte er von seinem Problem.

Er wurde gebeten, sich die Streitsituation noch einmal zu vergegenwärtigen und wie einen „inneren Film" anzusehen. Dabei sollte er auch darauf achten, ob in seinem Film Geräusche eine Rolle spielten. Anschließend beschrieb er das Gefühl, dass er nach der Rückerinnerung hatte. Er fühlte sich ängstlich, aufgeregt und sehr angespannt.

Der Kursleiter bat ihn, sich eine „Titelmusik" für seinen inneren Film zu überlegen. Diese sollte bewusst unpassend sein und seinem Gefühl widersprechen. Die Hintergrundmusik aus einem lustigen Zeichentrickfilm schien Herrn G. geeignet zu sein.

Er schaute sich seinen „inneren Film" noch einmal an. Diesmal mit Musikbegleitung, da er im Hintergrund die Musik laut und deutlich ertönen ließ. Schon während seiner „inneren Vorführung" musste er lächeln. Danach berichtete er: „Der gefürchtete Kollege begann plötzlich wie eine Witzfigur herumzutanzen und sah dermaßen lächerlich aus, das ich grinsen musste. Er hatte jeden Schrecken für mich verloren.

> *Es erinnert mich an einen Trick aus meiner Schulzeit, einen von uns gefürchteten Lehrer stellten wir uns damals in der Unterhose vor."*
> *Abschließend betrachtet Herr G. seinen Film noch einmal ohne die Musikuntermalung. Sein Gefühl zu der Situation hatte sich dauerhaft verändert. Herr G. hatte seine Angst vor einem klärenden Gespräch mit seinem Kollegen weitgehend verloren und wollte dies nun in Kürze führen.*

Im oben genannten Beispiel wurde nach einem Streit ein emotionaler Abstand hergestellt. Erst dadurch war ein klarer Blick auf den Konflikt möglich, die Vorraussetzung für eine erfolgreiche Lösungssuche.

Durch unsere persönliche Betroffenheit, Verletztheit und emotionale Erregung erleben wir unser Gegenüber oft als böswillig und unterstellen unbewusst die Absicht, uns ärgern und schaden zu wollen. Dabei hat die andere Person in der Regel einfach ein Bedürfnis, das mit unserem nicht übereinstimmt. Sie will dieses verwirklichen, so wie wir unseres erfüllen wollen. Konflikte durch gegensätzliche Interessen sind im menschlichen Zusammenleben vollkommen normal, verwunderlich wäre, wenn es sie nicht gäbe.

Wie könnten auch die Bedürfnisse von zwei Menschen immer gänzlich übereinstimmen, selbst wenn diese sich wohlgesonnen sind?

Die Einsicht, dass der andere **für sich** und nicht gegen mich handelt, räumt den Interessenskonflikt zwar nicht aus der Welt, verhindert aber das Gefühl, persönlich verletzt zu werden.

Eine Lösungsmöglichkeit in einem Konflikt kann darin bestehen, dass Sie Ihre Position deutlich machen und eventuell schon eine Lösungsidee äußern. Beachten Sie dabei, dass es nicht in Ihrem Einfluss liegt, ob der andere auch darauf eingeht. Dadurch bleiben Sie bei sich und machen sich nicht von anderen abhängig. Sie können Begründungen und Wünsche äußern, was Ihr Gegenüber damit macht, liegt nicht in Ihrer Hand. Versuchen Sie einmal, die Konflikte, denen Sie ausgesetzt sind, unter dem Blickwinkel zu betrachten, welche Bedürfnisse dabei eine Rolle spielen.

Räumen Sie dem anderen auch ein Recht auf seine eigenen Bedürfnisse und seine Sicht der Welt ein.

„Jeder hat das Recht auf meine Meinung!"
(Trenkle, Aha!-Buch)

Manchen Auseinandersetzungen liegt gar kein Bedürfniskonflikt zugrunde. Durch ungenaue Kommunikation entstandene Missverstände lassen die Kontrahenten nur vermuten, sie wären uneinig.

Leider gibt es auch Auseinandersetzungen, bei denen Sie sehr wohl jemand ärgern will. Der Streit ist dann keine (leider) notwendige Begleiterscheinung eines Bedürfniskonflikts, sondern Selbstzweck. In Fällen, in denen Sie beispielsweise massiv gemobbt werden, kann die Unterstützung einer neutralen dritten Person oder auch professioneller Beistand durch eine in Mediation ausgebildete Person sinnvoll sein. Auch bei anderen schwierigen Auseinandersetzungen hilft Ihnen eine Mediation mehr als alleine darüber nachzugrübeln.

Konflikte sind natürlich nicht immer lösbar. Manchmal sind die Bedürfnisse so gegensätzlich, dass keine Begegnung mehr möglich ist. Es wäre nicht klug, wenn Sie Ihren unverzichtbaren Grundüberzeugungen oder -bedürfnissen zuwiderhandeln würden. In solchen Fälle trennen sich bisweilen gemeinsame Wege.

Ein Lösungsversuch lohnt sich immer, denn Konflikte, die nicht ausgetragen werden, bleiben natürlich vorhanden. Unerledigte Konflikte sind meist schädlicher als offen ausgetragene und haben keine Chance, beendet zu werden.

Lieber ein Ende mit Schrecken, als Schrecken ohne Ende.

Grübeln über die Vergangenheit:
„Und wenn das nun anders gewesen wäre?"

„Hätte ich nur damals ...!", „Wie konnte ich gestern nur ...?" Grübeln über die Vergangenheit ist müßig, da wir die Uhren nicht zurückdrehen können.

In diesem Zusammenhang fällt mir ein Spruch aus meiner Kindheit ein:

Glücklich ist, wer vergisst, was nicht mehr zu ändern ist.

Schließen Sie mit der Vergangenheit ab, denn an ihr können Sie wirklich nichts mehr ändern.

Der Blick in die Vergangenheit kann sich trotzdem lohnen: Alle Ihre guten Erinnerungen und Ressourcen entstammen der Vergangenheit und stehen Ihnen von dort aus als Kraftquelle zur Verfügung.

Sehen Sie auch negative Erfahrungen als Chancen an. Sie können daraus Lehren ziehen, um es in Zukunft besser zu machen.

In unserer Gesellschaft werden „Fehler" einseitig als Fehlverhalten und Versagen gesehen. Betrachten Sie diese als ein „Feedback", das Ihnen wertvolle Informationen gibt. Daraus können Sie Lehren für die Gegenwart ziehen, um die Zukunft besser zu gestalten.

Wenn Sie unter Schuldgefühlen leiden und Selbstzweifel haben, weil Sie vermuten, Fehler gemacht zu haben, versetzen Sie sich einmal in die damalige Lage zurück: Wenn Sie andere Möglichkeiten und bessere Informationen gehabt hätten, hätten Sie diese genutzt. Sie haben in der Vergangenheit die für Sie bestmöglichen Entscheidungen getroffen.

Manche Menschen fühlen sich als Opfer ihrer Vergangenheit. Hier sind neue Sichtweisen hilfreich, denn die Vergangenheit lässt sich zwar nicht ändern, aber durchaus anders wahrnehmen.

Frau X. schreit ihre Tochter an: „Kannst Du nicht aufpassen? Sieh, was Du gemacht hast ..."

Auf ein kleines Unglück, bei dem durch eine ungeschickte Bewegung der Orangensaft umfiel und auch das Hausaufgabenheft einige Spritzer abbekam, reagiert sie mit Computerverbot für die ganze kommende Woche. Als ihre Tochter weinend das Zimmer verlässt, bleibt sie mit Selbstvorwürfen zurück: „Warum muss ich immer so überreagieren? Ich versuche doch, mich zusammenzunehmen."

Frau X. stellt an sich den Anspruch, mit ihren Kindern immer gelassen und freundlich umzugehen. Auf keinen Fall will sie so sein wie ihr Vater, der mit unkontrollierten Wutausbrüchen viel Schrecken bei ihr und den Geschwistern verbreitete. Aber immer öfter glaubt sie, ihrem Vater zu ähneln.

Die Sorge, so zu sein wie der Vater, ist ihr im Hinterkopf ständig präsent. Kleine, im Zusammenleben mit Kindern unvermeidliche Auseinandersetzungen sind emotional aufgeladen und mit Bedeutung überfrachtet. Frau X. gibt ihren Eltern die Schuld daran, dass sie es im Leben so schwer hatte. Sie fürchtet, dies bei ihrer Tochter zu wiederholen. Die Schuld hieran gibt sie wiederum ihrem Vater: „Hätte ich das nicht erleben müssen, wäre ich jetzt nicht so ..."

Frau X. ist mit dieser Art, die Welt zu sehen, nicht allein. Unsere psychologische Kultur ist geprägt von der Annahme, dass unsere frühe Kindheit die Weichen für das weitere Leben endgültig stellt. Dem liegen durchaus wichtige Erkenntnisse zugrunde: In unserer Kindheit machen wir Bindungserfahrungen, die unsere Beziehungsgestaltung zu anderen Menschen prägen. In keiner anderen Zeit werden so viele „Denkbahnen" im Gehirn angelegt, die unsere Erfahrungen strukturieren. Das Schöne ist jedoch, dass der Mensch keine einmal gebaute, für immer fertige Maschine ist, sondern wir uns ändern können. Die neuere Life-Event-Forschung untersucht den Einfluss späterer Lebensereignisse. Sie geht davon aus , dass die menschliche Entwicklung während der gesamten Lebensspanne weitergeht. Auch die Hirnforschung bestätigt die Vermutung eines bis ins Alter veränderbaren und lernfähigen Gehirns.

Die Annahme, dass alles Schlechte im Leben unausweichlich in unserer Kindheit festgelegt wurde, behindert Lösungen in der Gegenwart: Frau X. geht davon aus, aufgrund ihrer eigenen Erfahrungen im Umgang mit ihren Kindern nur scheitern zu können oder sich übermenschlich anstrengen zu müssen, um dies zu vermeiden. Durch diese Glaubenssätze lebt sie in einer „self-fulfilling-prophecy", einer sich selbst erfüllenden Prophezeiung.

Durch ihre Vorwurfshaltung ihren Eltern gegenüber bleibt kein Raum für die Frage, aus welchen Lebensumständen heraus ihr Vater so war, wie er war. Die Lebensumstände der eigenen Eltern aus einer Erwachsenenperspektive zu sehen und ihnen Verständnis entgegenzubringen, macht den Blick frei für einen neuen und unverkrampfteren Umgang mit den eigenen Kindern. Wer seinen Eltern „Fehler" zugesteht, kann auch leichter die eigenen akzeptieren.

Herr K. hat das Gefühl, in seinem Leben vom Pech verfolgt zu sein. Alles, was ihm nicht gelingt, ordnet er in dieses Schema ein. Was er erreicht hat und ihm leicht zufällt, nimmt er dagegen kaum war. Wie Frau X. führt er alles Schwierige in seinem Leben auf seine Eltern zurück, wobei er sich vor allem von seiner Mutter nicht genug geliebt fühlte. Jedes neue Missgeschick bestätigt ihn in dieser Sicht.

In einer Therapie berichtet Herr K. über sein Leben. Wie zu erwarten, folgen seine Geschichten alle demselben Muster. Überraschenderweise wird Herr K. dazu aufgefordert, einmal die zehn schönsten Geschichten aus seiner Kindheit zu erzählen. Zunächst bereitet ihm das Schwierigkeiten. Plötzlich tauchen jedoch Erinnerungen auf, die er fast vergessen hatte. Beim Erzählen bekommen sie noch mehr Farbe, weitere Details fallen ihm ein.

Neben den entbehrungsreichen Teilen seiner Jugend sind Herrn K. jetzt auch die schönen Momente wieder präsent. Auch das Bild seiner Mutter wird vielfältiger.

Wir speichern unsere Erinnerungen in Episoden ab. Wenn wir über unser Leben erzählen, geschieht dies in Form von Geschichten, in denen für uns bedeutsame Erfahrungen gebündelt sind. Unsere Sicht der Vergangenheit ist von der emotionalen Tönung der Geschichten geprägt, die wir aus der Fülle unserer Lebenserfahrungen als wichtig herausfiltern.

Überlegen Sie einmal, welche Geschichten Sie sich und anderen bisher bevorzugt über sich erzählt haben und welche dabei „untergegangen" sind. Durch eine Suche nach Ausnahmen von der Regel kann sich Ihre Sicht der Dinge schon verändern.

Der australische Therapeut Michael White stellt dazu die Frage: „Welcher Geschichte erlauben Sie, Ihr Leben zu bestimmen?"

„Es ist niemals zu spät, eine glückliche Kindheit zu haben,"

nennt der finnische Therapeut Ben Furmann sein Buch über Menschen, die schwere Schicksale erlebt haben, manchmal sogar misshandelt oder missbraucht worden sind. Er machte die Beobachtung, dass nicht so sehr die Erlebnisse selbst über den weiteren Lebenslauf bestimmen, sondern die Art und Weise, wie man sie einordnet und für sich verarbeitet. Ohne schlimme Erfahrungen und deren weitreichende Folgen zu verharmlosen, stellt Furman fest, dass Menschen sogar an diesen innerlich wachsen können.

Die Aufarbeitung traumatischer Erlebnisse ist schwierig und benötigt häufig Unterstützung. Menschen aus Ihrem persönlichen Umfeld können eine große Hilfe darstellen, vielleicht ist auch professionelle Hilfe sinnvoll. Es gibt eine Reihe neuerer, erfolgreicher Verfahren in der Traumatherapie, die von spezialisierten Therapeuten angeboten werden. Mit einer behutsamen Aufarbeitung der Vergangenheit wird erst begonnen, wenn die Klienten sich in der Gegenwart sicher und stabilisiert fühlen.

Sich ohne therapeutische Hilfe immer wieder mit einem erlebten Trauma zu beschäftigen und davon zu erzählen, ist nicht hilfreich, sondern kann sogar schädlich sein, da die Gefahr einer Retraumatisierung besteht.

Manche Menschen finden keinen Weg aus ihrem Leiden. Unbewusst treten sie mit ihrem Leben den Beweis dafür an, wirklich Schlimmes erlebt zu haben.Sie bleiben in der Opferrolle stecken. Das Verlassen der Opferidentität ist Voraussetzung, um für neue Lebenserfahrungen wieder offen zu sein.

Zu einer veränderten Sichtweise Ihrer Vergangenheit, die den Blick besonders auf die schönen Aspekte lenkt, können Sie mit einer Übung aus dem Anhang gelangen.

Praxis im Anhang: „Glücksmomente in der Vergangenheit finden", Seite 176.

„Es gibt nur ein einziges Gegengewicht gegen Unglück: das muss man suchen und finden und das ist Glück."
(Erich Fried)

Rituale können helfen, einen Schlussstrich unter Vergangenes zu ziehen:

Familie M. suchte Unterstützung im Umgang mit ihren Kindern. Aus den Erzählungen der Eltern wurde deutlich, dass sie sich hauptsächlich durch das provozierende Verhalten der Tochter in der Öffentlichkeit herausgefordert und beschämt fühlten.

Als die Mutter der Beraterin ausreichend vertraute, berichtete sie, die Tochter in ihrer Verzweiflung früher häufiger ge-

schlagen zu haben. Ihr tat dies daraufhin immer furchtbar leid. Jetzt steckte sie in einem Teufelskreis: Die Schuldgefühle über ihr früheres Verhalten hinderten sie daran, ihrer Tochter heute eindeutige und klare Grenzen zu setzen. Stattdessen verwickelte sie sich mit ihr in scheinbar endlose Diskussionen und Machtkämpfe. Schließlich verlor sie doch immer wieder die Nerven und reagierte erneut mit Schlägen. Der Vater sah hilflos zu.

Im Verlauf der Beratung wurde der Mutter klar, wie stark ihre Schuldgefühle noch waren und wie diese auf destruktive Weise ihr Verhältnis zu ihrer Tochter prägten.

Deshalb hatte sie das Gefühl, kein Recht zu haben, der Tochter klar und deutlich „nein" zu sagen.

Sie nahm sich vor, in einem Brief aufzulisten, was sie aus heutiger Sicht früher in der Erziehung falsch gemacht hatte und wofür sie sich noch immer schuldig fühlte.

In einer späteren Sitzung wurde gemeinsam überlegt, was anschließend mit den Aufzeichnungen zu tun sei. Eine Idee war, diese zu vernichten, um mit diesem Ritual den Wunsch auszudrücken, dieses Kapitel der Vergangenheit abzuschließen.

Frau M. glaubte, den Brief noch eine Weile zu benötigen und entschied sich dafür, ihn an einem sicheren Ort gut verpackt aufzubewahren.

„Dem Unrecht gegenüber aber gibt es – im Umkreis der irdischen Mittel – nur eine würdige Haltung: es wieder gut zu machen."

(Reiners, Sorgenfibel)

Grübeln in Lebenskrisen:
„Soll das alles sein?"

„Wofür mache ich das alles?", „Das soll alles im Leben gewesen sein ...?" Über diese Fragen wird in Lebensphasen gegrübelt, in denen sich eine oft diffuse Unzufriedenheit mit dem eigenen Leben breit macht. Diese entsteht meist dann, wenn Wünsche, Bedürfnisse und Visionen nicht damit übereinstimmen, wie das eigene Leben im Alltag erlebt wird.

Aber auch ein unklares Gefühl des Unbehagens mit dem eigenen Leben hat meist konkrete Ursachen. Erst wenn Sie diese benennen können, ergeben sich Möglichkeiten, etwas zu Ihren Gunsten zu verändern.

„Wenn wir erst mal die neue Wohnung haben, dann wird ...", „Nach der Prüfung (Heirat, Geburt, Traumjob usw.) wird ...!" Wirklich? Zukünftige Ziele binden oft viel Energie und Bedürfnisse werden zurückgestellt.

Manchmal gibt es „Durststrecken", bis Ziele im Leben erreicht sind. Wenn die Erfüllung von Bedürfnissen dauerhaft in die Zukunft vertagt wird, entsteht Unzufriedenheit. Wenn der Endpunkt durch ein konkret definiertes Ziel eindeutig zu erkennen ist, sind diese Zeiten besser auszuhalten.

Falls Sie sich beispielsweise beruflich verändern und weiterbilden wollen, wird dies wahrscheinlich zu erheblichen Einschränkungen in Ihrem Alltag führen. Überprüfen Sie, ob die zu erwartenden Entbehrungen in einem ausgewogenen Verhältnis zu den Vorteilen stehen, die Sie erwarten. Bedenken Sie dabei den Zeitrahmen, den diese Phase für Sie einnehmen darf.

Auch wenn Sie zeitweise weniger Möglichkeiten zur „Selbstverwirklichung" haben, können Sie zu mehr Zufriedenheit gelangen, wenn Sie sich auf die Möglichkeiten besinnen, die Ihnen trotzdem noch zur Verfügung stehen. Sie können Ihren Blick auf die schönen „Ausnahmeinseln" richten, die es im grauen „Alltagsmeer" gibt. Vielleicht ist es gar nicht so schwer, noch weitere Inseln zu entdecken und zu erschaffen.

Ihr Leben findet jetzt statt, es wird Ihnen nicht gut tun, wenn Sie **nur** für die Zukunft leben. Genauso wichtig wie ein für Sie passendes Ziel ist der stimmige Weg dorthin.
Der bekannte Satz „Der Weg ist das Ziel" formuliert dies sehr treffend.
Sie verändern Ihre Sicht unerfreulicher Lebensabschnitte, indem Sie deren Begrenztheit wahrnehmen. Auf Ihrer „Zeitlinie" können Sie dies für sich erlebbar machen.

Praxis im Anhang: „Gehen Sie auf Ihre Zeitlinie", Seite 165.

„Warum bin ich nicht glücklich, wo ich doch jetzt endlich ...?"
Unzufriedenheit entsteht auch dann, wenn der erträumte Zustand sich nicht als das Ende aller Probleme erweist. Erschöpft wird dann nüchtern Bilanz gezogen.
Enttäuschung taucht auf, wenn sich das Wunschbild als Fata morgana, als **Täuschung**, herausstellt. Das jetzt erreichte Ziel erfüllt die Erwartungen nicht, die Sie hineingesetzt hatten. Vielleicht waren an dieses Ziel auch falsche Erwartungen geknüpft.
Dass Sie schon längere Zeit unterschwellig unzufrieden waren, führten Sie unter Umständen auf die belastende Phase zurück, in der Sie sich befanden: „Alles wird besser, wenn ich erst einmal ..." Andere Gründe für Ihr Unbehagen wurden nicht wahrgenommen.

Jetzt ist es möglicherweise an der Zeit, von unrealistischen Ideen Abschied zu nehmen und der Wirklichkeit ins Auge zu sehen. Eventuell müssen Sie Ihre Ziele neu formulieren und „umsatteln".

"Wenn du entdeckt hast, dass du ein totes Pferd reitest, steig ab."

(Sprichwort der Dakota-Indianer)

Berücksichtigen Sie auch, dass Etappenziele oft Wendemarken in Ihrem Leben darstellen, die Ihr Selbstbild verändern können. Es kann ein Identitätswechsel stattfinden, wenn Sie beispielsweise vom Student zum Ingenieur werden oder anstelle einer beruflich engagierten Frau vorübergehend hauptsächlich die Rolle einer Hausfrau und Mutter einnehmen. Vielleicht passt die neue Rolle (noch) nicht zu Ihnen.

Manche Lebensphasen sind aus sich selbst heraus sinnstiftend. Die Kinder werden versorgt und in die Unabhängigkeit begleitet, eine Ausbildung nimmt viel Zeit und Kraft in Anspruch oder die Berufstätigkeit sichert den Lebensunterhalt. Wenn die Kinder dann das Haus verlassen oder der Beruf mit der Zeit eintönig erscheint, drohen eine „Midlife-Crisis" oder ein „Burn-out".

Auch wenn durch Renteneintritt oder Arbeitslosigkeit keine tagesfüllenden Pflichten mehr bestehen, können Sie einen Lebenssinn vermissen.

Übergangsphasen mit Veränderungen und notwendiger Neuorientierung sind immer schwierig und bieten reichlich Stoff zum Grübeln. Dass Sie sich leer fühlen, ist erst einmal völlig normal. Wenn Sie den Sinn Ihres Lebens nicht nur in einem Lebensbereich sehen, haben Sie auch mehrere „Standbeine".

Die Gefühle, die durch ein „Burn-out" oder eine „Midlife-Crisis" ausgelöst werden, geben Ihnen die Information, dass wichtige Bedürfnisse in Ihrem Leben unerfüllt sind. Dies bietet Ihnen die Chance zu einer Veränderung.

„Vergiss nicht – man benötigt nur wenig um ein glückliches Leben zu führen."

(Marc Aurel)

Bevor in Ihrem Leben etwas Neues entstehen kann, muss dafür erst einmal Platz geschaffen werden:

Es macht wenig Sinn, auf einem vollkommen zugewucherten Gartenbeet etwas zu säen. Erst einmal müssen Sie das Dickicht etwas lichten und vieles entfernen, das bisher dort wuchs. Dies können Sie kompostieren, um Dünger für Neues zu erhalten. Nach der Aussaat benötigen Ihre zukünftigen Pflänzchen sorgfältige Pflege. Es wird einige Zeit dauern, bis sie zu starken Gewächsen herangewachsen sind und Früchte tragen.

Sehen Sie die Gegenwart als einen Punkt an, von dem aus verschiedene Wege möglich sind.

Heute ist (immer) der Tag, an dem Ihre Zukunft beginnt.

„Hätte ich nur ...!", „Was wäre gewesen, wenn ich damals ... gemacht hätte?"
Trauern Sie nicht verpassten Gelegenheiten nach. Überprüfen Sie auch hier, welche Bedürfnisse sich darin ausdrücken und wie Sie diese noch verwirklichen können.
Wissen die betroffenen Personen, weiß Ihr Partner von Ihrer Unzufriedenheit?
Ein offener Umgang wird hilfreich sein. Ihre Mitmenschen spüren Ihr Unbehagen sowieso, denn es wird in Ihrem Verhalten zum Ausdruck kommen.
„Weil du damals das gemacht hast, kann ich immer noch nicht ..." Mit solchen Schuldzuweisungen vermiesen Sie sich selbst und anderen das Leben.
Überprüfen Sie, ob Sie jemand anderen dafür verantwortlich machen, dass in Ihrem Leben etwas schief gegangen ist.
Wie sehen Sie sich selbst? Als Opfer Ihrer Vergangenheit oder als handelnde Person, die vielleicht auch Fehlentscheidungen getroffen hat?

Falls Sie andere für Ihre Situation verantwortlich machen: Übernehmen Sie Verantwortung für sich!

Stellen Sie sich vor, Ihr Leben wäre ein Film. Welche Funktion hätten Sie?
➤ Wären Sie der Hauptdarsteller?
➤ Oder spielen Sie in einer Nebenrolle?
➤ Treten Sie als Statist auf?
➤ Von wem stammt das Drehbuch?
➤ Was oder wer hindert Sie daran, das Drehbuch umzuschreiben und die Regie zu übernehmen?

„Leider muss ich ...", „Es ginge mir gut, wenn ich bei meiner Arbeit nicht immer x tun müsste!"
Müssen oder wollen Sie? „Traumtötersprache" nennt Marshall B. Rosenberg eine Ausdrucksweise, mit der Menschen nicht wahrnehmen, dass Sie Handlungsalternativen haben. Träume werden getötet, wenn wir nicht wahrhaben, dass wir uns immer für das, was wir tun „müssen", entschieden haben.
In seinem Buch „Gewaltfreie Kommunikation" beschreibt er folgendes Gespräch mit einer Lehrerin:

„Ich hasse es, Noten zu geben. Ich finde nicht, dass Noten irgendwie helfen, und sie machen den Schülern viel Angst. Aber ich muss Noten geben, das sind die Vorschriften der Schulbehörde." Ich schlug vor, dass die Lehrerin ihre Behauptung „Ich hasse es, Noten zu geben, weil die Schulbehörde es vorschreibt" übersetzt in: „Ich entscheide mich, Noten zu geben, weil mir wichtig ist ..." Sie antwortete ohne Zögern: „Ich entscheide mich, Noten zu geben, weil ich meinen Job behalten möchte", und schnell fügte sie noch hinzu: „Aber das sage ich nicht gerne. Da fühle ich mich so verantwortlich für das, was ich tue." „Deshalb möchte ich ja, dass du es so sagst", erwiderte ich.

Als ich dies zum ersten Mal las, war ich etwas irritiert und wollte spontan innerlich widersprechen. Bei näherer Überprüfung stellte ich fest, dass ich mich für **alles**, was ich tue, entschieden habe, da ich es auch anders machen oder einfach lassen könnte. Wer sollte mich zu irgendetwas zwingen? Die Sichtweise, wenn ich x will, gehört y auch dazu und ist die Konsequenz meiner Entscheidung, hat mein Gefühl zu vielen „Zwängen" des Alltags entscheidend verändert.

Überprüfen Sie einmal, was Sie wirklich müssen.

Müssen Sie beispielsweise arbeiten oder wollen Sie es, weil Sie auf das Einkommen Wert legen und der Beruf Sie ausfüllt? Sie könnten aussteigen, unter einer Brücke schlafen ... Sie werden diese Idee wahrscheinlich empört zurückweisen, weil Sie sich ganz klar für einen anderen Weg **entschieden** haben.

Wahrscheinlich kennen Sie diese Geschichte eines alten Ehepaars:

Am Tag der goldenen Hochzeit fragt der Mann seine Frau, ob sie einen besonderen Wunsch hätte. Sie äußert zaghaft die Bitte, einmal die untere Hälfte des Frühstücksbrötchens zu bekommen. Ihr Mann gab ihr immer die obere, weil er diese für die bessere hielt.

Andere Menschen können unsere Wünsche nur erfüllen, wenn sie ihnen bekannt sind. Anstatt ihnen diese mitzuteilen, machen wir ihnen oft Vorwürfe über das, was sie nicht tun, wir aber von Ihnen erwarten. Die Antwort besteht dann häufig ebenfalls in Vorwürfen oder die betroffene Person zieht sich beleidigt zurück.

Der Hypnotherapeut Manfred Prior empfiehlt, die **VW**-Regel zu beachten:

Machen sie keine **V**orwürfe, sondern äußern Sie Ihre **W**ünsche.

Vorwürfe beziehen sich immer auf ein Verhalten in der Vergangenheit. Wünsche gehen in die Zukunft und können erfüllt werden.

Falls Sie aus Unzufriedenheit über Ihr Leben nachgrübeln, verfolgen Sie vielleicht „heimliche Ziele", die Ihnen unter Umständen selbst nicht bewusst sind: „Eigentlich möchte ich ..."

Sie sind so etwas wie das Gegenstück zu den verpassten Chancen: „Hätte ich doch nur!"

Überprüfen Sie für sich, ob Sie das Gefühl haben, ein Leben „zweiter Wahl" zu führen.

Warum steuern Sie Ihre eigentlichen „heimlichen" Ziele nicht an? Stehen dem Ängste entgegen? Sind die begründet?

Falls Sie „heimliche" Ziele haben, machen Sie sie zu Ihren „offiziellen" oder lassen Sie sie fallen.

Wir sind zufrieden, wenn wir ein erfülltes Leben führen. Manche Menschen haben das Gefühl, eine Mission zu erfüllen. Diese muss keineswegs in einer Selbstaufopferung für andere oder „großen" Taten bestehen. In der Regel handelt es sich einfach um Ziele und Interessen, die jenseits der Erfordernisse des Alltags liegen. Das mögliche Spektrum ist riesig, es reicht von einem gesellschaftspolitischen oder karitativen Engagement bis zu persönlicher Selbstverwirklichung in Kunst, Musik oder einem Hobby. Zufriedenheit werden Sie nur erlangen, wenn das, was Sie tun, im Einklang mit Ihren Grundüberzeugungen und Werten ist.

Nicht unerwähnt bleiben soll, dass manche Menschen eine Selbstzufriedenheit besitzen, die keinerlei Aktivitäten und Bestätigung erfordert.

„Wünsche haben die Neigung wahr zu werden, aber kein Wind ist günstig für ein Schiff, das kein Ziel hat."
      (Furman, Es ist nie zu spät ...)
Praxis im Anhang: „Ihre Ziele und Visionen finden", Seite 178

5. Grübelfallen im Alltag vorbeugen

Die sicherste Methode, Grübeln zu verhindern, ist die Vorbeugung. In nicht vorhandene Grübelfallen kann man nicht hineingeraten.

Der emotionale Zustand, in dem wir uns befinden, bestimmt ganz entscheidend mit, wie wir handeln und denken. Als Beispiel möchte ich noch einmal auf die Geschichte von Paul Watzlawick zurückkommen. In dieser werden die sich verstärkenden negativen Gedankengänge eines Mannes beschrieben, der den Hammer seines Nachbarn benötigte. Alle Fantasien dieses Mannes sind in sich logisch und folgerichtig.

Wäre er in einer anderen seelischen Verfassung gewesen, hätte er eine andere, ebenso schlüssige Gedankenkette aufgebaut.

Wenn Sie sich in einem angenehmen seelischen Grundzustand befinden, fühlen Sie sich nicht nur wohler, sondern haben darüber hinaus einen guten „Sicherheitsabstand" zu einer Grübeltrance.

Phänomen Stress

Probleme zu wälzen und gedanklich festzustecken sind typische Verhaltensweisen von gestressten Menschen. Die Pausen, die auch stressige Phasen bieten, können oft nicht zur dringend benötigten Entspannung und Erholung genutzt werden. Das „Hamsterrad" dreht sich dann auf einer anderen Ebene weiter: Hektische Betriebsamkeit wird durch ein Gedankenkarussell abgelöst.

Grübeln ist nicht nur ein Symptom im Stressablauf, sondern löst auch selbst Stress aus.

Was ist Stress eigentlich? Der Begriff wurde von Hans Selye eingeführt, dem ersten Stressforscher. Im neutralen Sinn ist damit eine Anpassung des Organismus an erhöhte Anforderungen gemeint. Selye unterschied zwischen dem Eustress, der belebend und anregend wahrgenommen wird, und dem Distress, der sich negativ auf den Organismus auswirkt. Distress setzt uns unter Druck und ermüdet uns. Eustress hingegen erleben wir, wenn Abenteuer und gewünschter Nervenkitzel uns freudig erregen. Er kann durch auf- und anregende Arbeit oder den „Kick" bei einer Freizeitaktivität ausgelöst werden.

Während dem Eustress ein Zustand angenehmer Entspannung folgt, erzeugt der Distress eine Daueranspannung. Wenn wir heutzutage über Stress klagen, meinen wir Distress.

Stress ist ein Relikt aus der Menschheitsgeschichte. Unsere Vorfahren waren gefährlichen Lebenssituationen ausgesetzt, wie einem plötzlich auftauchenden wilden Tier oder einem Feind.

Um dieser Gefahr begegnen zu können, waren sie mit einem Mobilisierungssystem ausgestattet, das ihren Körper in die Lage versetzte, kurzfristig Höchstleistungen zu vollbringen.

Um in einer solchen Situation optimal reagieren zu können, werden vielfältige Veränderungen im Körper und im Gehirn eingeleitet:
➤ Hormone werden ausgeschüttet, z. B. Adrenalin, Cortisol,
➤ Der Blutdruck und die Herzfrequenz steigen an,
➤ Die Atmung verändert sich,
➤ Der Stoffwechsel verändert sich,
➤ Tunneldenken entsteht.

Wenn wir uns in wirklicher Gefahr befinden, sind diese Reaktionen sinnvoll. Heute wird aus diesem Notfallalarmsystem oft ein Dauerzustand. Wenn die notwendigen Entspannungs- und Erholungsphasen nicht mehr eintreten, wirkt sich das Stressprogramm negativ auf unseren Körper aus.

Folgen sind unter anderem Bluthochdruck, hoher Cholesterinspiegel, Magenbeschwerden durch Störungen im Verdauungsapparat, hohe, schnelle Atmung und Muskelverspannungen.

Den Alltag verändern

Telefonieren, gleichzeitig am Computer weiterarbeiten und dabei vielleicht noch Kaffee trinken. Manches lässt sich parallel erledigen, aber es stresst uns gewaltig.

Wir machen dann zwar vieles, aber nichts richtig und geraten in einen schlechten Zustand.

Wenn Sie sich immer nur mit einer Sache auf einmal beschäftigen und die Dinge nacheinander erledigen, wird es Ihnen leichter fallen, eine gute Stimmung zu haben, „step by step" wie es treffend auf Neudeutsch heißt.

Frau B. ist in der Medienbranche tätig. Mit einer Kollegin zusammen hat sie sich vor ein paar Jahren selbstständig gemacht. Das Geschäft läuft gut und es gibt meistens mehr Arbeitsangebote, als die beiden bewältigen können.

Frau B. setzt dies unter Zeitdruck, zudem hat sie wenig Zeit für Familie, Freizeit und Freunde. Daher beschäftigte sie sich im letzten Jahr mit Zeitmanagement. Es gelang ihr, sowohl ihre Arbeit als auch den sonstigen Alltag besser und effektiver zu gestalten.

Nachdem sich Frau B. eine Zeit lang weniger gestresst fühlte und sich ihr Leben entspannte, fühlt sie sich zur Zeit wieder vermehrt unter Druck. Alles scheint wie früher zu sein.

Verstärkt plagen sie wieder Gedanken wie: „Warum lade ich mir nur soviel auf? Wie soll ich das alles nur schaffen?"

Wie viele andere, die sich mit Effektivitätstraining und Zeitmanagement beschäftigen, ist auch Frau B. letztlich in eine üble Falle geraten. Anstatt die vorhandene Arbeit auf einen geringeren Zeitraum zu konzentrieren und dadurch mehr Freizeit zu erreichen, nutzte sie die entstandenen Freiräume dazu, noch mehr zu arbeiten. Auch zu Hause schraubte sie ihre Ansprüche hoch und lud sich dort ebenfalls mehr Arbeit auf.

Zur Zeit hat sie genauso wenig Zeit für Familie, Freizeit und Freunde wie zuvor. Sie arbeitet jetzt noch intensiver als früher und hat dadurch noch weniger Freiräume und ruhige Phasen im Beruf. Die Lebensqualität während ihrer Arbeitszeit verschlechterte sich erheblich und ihr Stress nahm sogar noch zu.

Im einem kleinen griechischen Ort gehen die Uhren anders. Das kleine Lebensmittelgeschäft hat täglich von frühmorgens bis fast Mitternacht geöffnet. Das Besitzerehepaar ist abends meist gemeinsam anwesend, tagsüber wechselt es sich ab. Oft sitzen die beiden auch mit anderen Dorfbewohnern vor dem Laden und gehen nur hinein, wenn Kunden kommen. Bei Bedarf lassen sie sich von ihren Kindern vertreten. Das Leben verläuft sehr geruhsam, obwohl eine Freizeit, wie wir sie als Gegensatz zur Arbeit kennen, nicht existiert. Aber das Arbeitstempo und die Dichte der Arbeit sind ganz anders als bei uns üblich. Die reine Verkaufstätigkeit im Laden wäre auf wenige Stunden zu reduzieren.

Ein Modell für uns? Wohl kaum. Es würde nicht in unser Leben passen. Aber wir können versuchen, etwas davon auch in unseren Alltag und unser Leben hineinzutragen. Dabei geht es nicht nur um einen anderen organisatorischen Umgang mit unserer Arbeit, sondern um eine veränderte Lebenseinstellung.

Besonders bemerkenswert fand ich, dass die Menschen in dem griechischen Dorf nur wenige Aktivitäten unternahmen.

Die heutige verbreitete Lebensweise, dass man überall dabei sein *muss*, alles miterleben *muss*, seine Freizeit sinnvoll verbringen *muss*, ist dort noch völlig unbekannt. Freizeitstress ist ein Fremdwort.

„Keine Zeit! Ich muss noch unbedingt ...!" Wie oft sagen wir dies in unserem Alltag?

Bewusst habe ich im vorhergehenden Abschnitt so oft das Wort „*muss*" verwendet.

Was müssen wir wirklich? Bei näherer Betrachtung können Sie sicherlich manches „*ich muss*" umformulieren in: „*Es wird erwarte, dass ...*", „*Ich denke, ich sollte ...*"

In einer Kombination der Gedankengänge von Marshall Rosenberg und Albert Ellis schlage ich vor, alles, was Sie „*müssen*" in drei Gruppen einzuteilen:

➤ Dinge, die Sie tun „*müssen*", die sich als Konsequenz aus dem ergeben, wozu Sie sich *entschieden* haben,
➤ Dinge, die Sie tun wollen,
➤ Und Dinge, die Sie *weder „müssen" noch wollen*. Diese können Sie dann sofort von Ihrer Liste streichen.

Wenn Sie Ihr Leben vereinfachen, von Ballast entrümpeln und die Geschwindigkeit drosseln, wird es Ihnen leichter fallen, in einem guten Zustand zu sein.

Die Aussage „*Weniger ist mehr*" bringt dies gut auf den Punkt.

Es ist meines Erachtens kein Zufall, dass es den Trend bei Wohnungseinrichtungen gibt, Zimmer spärlich zu möblieren und dadurch helle, klare und möglichst leere Räume zu schaffen. Es entspringt dem Bedürfnis, der überbordenden Vielfalt des Alltags etwas entgegenzusetzen und sich davon zu befreien. Das Interesse an Feng-Shui führe ich auch darauf zurück.

„Wir haben so wenig Zeit, wir müssen sehr langsam vorgehen."

(Buddhistische Weisheit)

Erleichtern Sie sich den Alltag

Ein paar Tipps zur Erleichterung Ihres Alltags:
➤ Entscheiden Sie sofort, ob Sie etwas brauchen oder nicht: Werbung, Briefe, Zeitschriften und sonstige Informationen. Wenn Sie es jetzt nicht konkret brauchen und nicht sehr sicher sind, dass es in absehbarer Zeit der Fall sein wird: Weg damit!
➤ Was Sie sofort erledigen können, was nur Sekunden oder Minuten dauert, machen Sie umgehend, wenn es irgendwie geht: Weg damit!
➤ Für das, was Sie nicht sofort erledigen können, definieren Sie am besten genaue Zeitpunkte, wann Sie es tun werden, bis zu diesem Zeitpunkt haben Sie dann den Kopf frei.
➤ Legen Sie sich unter Umständen eine Liste der Dinge an, die Sie noch erledigen müssen. Was auf der Liste steht, müssen Sie nicht mehr im Kopf behalten.
➤ Größere Aufgaben, die Sie leicht „erschlagen", können Sie vielleicht unterteilen. Der „Berg" schrumpft dann und Sie haben schneller Erfolgserlebnisse.
➤ Oft hilft auch ein längerfristiger Zeitplan:
➤ Was mache ich heute?
➤ Was in dieser Woche?
➤ Was im nächsten Monat?
➤ Was hat noch länger Zeit?

Mit einem solchen Zeitplan können Sie auch der Angst begegnen, etwas zu vergessen. Was Sie sich niedergeschrieben haben, braucht Ihre Gedanken nicht mehr zu beschäftigen. Auch eine Pinwand, Klebezettel oder ein Diktiergerät eignen sich dazu. Sie speichern damit wichtige Gedanken bis zu dem Zeitpunkt, an dem Sie sich damit beschäftigen wollen.

Strategien, um Ihre Ziele zu erreichen

Die besten Ideen und Wünsche nützen uns nichts ohne geeignete Strategien, diese auch zu verwirklichen.

*Nach ihren anstrengenden Arbeitstagen „versackte" Frau M. abends meist vor ihrem Fernseher. Sie war darüber recht unglücklich und suchte einen Weg, ihren täglichen Fernsehkonsum zu vermindern. Nachdem sie die **Methode der „passenden Zielbestimmung"** kennen gelernt hatte, wandte sie diese häufig mit großem Erfolg an.*

Ihr war bewusst geworden, dass es klüger war, wenn sie sich überschaubare Ziele setzte. Anstelle von: „Ich will in Zukunft weniger fernsehen" nahm sie sich an vielen Tagen vor: „Heute Abend werde ich nur eine Sendung gucken". Damit hatte sie sich nicht nur ein überschaubares und realistisches Ziel gesetzt, sondern dieses auch schon positiv formuliert. Sie sagte sich, was sie wollte und nicht, was sie zu vermeiden anstrebte.

Das kurzfristige und überschaubare Ziel würde sie erreichen können und dadurch ein Erfolgserlebnis haben. Wie sie ihren Fernsehkonsum an den folgenden Tagen gestalten würde, war erst einmal unwichtig.

Frau M. visualisierte ihren Vorsatz. Sie stellte sich ganz konkret vor, wie sie sich am Abend für eine Sendung entscheiden und diese dann mit Genuss ansehen würde.

An vielen Abenden begrenzte Frau M. so ihren Fernsehkonsum, manchmal verzichtete sie ganz darauf. Wenn es ihrem Bedürfnis entsprach, verbrachte sie hin und wieder auch den ganzen Abend vor der Mattscheibe, ohne hinterher ein schlechtes Gefühl zu haben, denn sie hatte sich nie vorgenommen, ganz aufs Fernsehen zu verzichten.

Wenn Sie jetzt dieses Kapitel weiterlesen, ist es sehr wichtig, dass Sie nicht an Elefanten denken! „Wie bitte?", fragen Sie sich jetzt vielleicht. Aber an was dachten Sie eben, was sahen Sie vor Ihrem inneren Auge? Einen Elefanten? Kamen Ihnen Erinnerungen an Zoobesuche? Aber Sie sollten und wollten doch gerade **nicht** an Elefanten denken!

„Spüren Sie nicht, wie es wäre, wenn Sie jetzt einen Esslöffel voll mit frischem Zitronensaft im Mund hätten und dieser saure Zitronensaft im Mund alles zusammenziehen würde ..."
(Manfred Prior, MiniMax Interventionen, Freiburg 2002)

Unser Unbewusstes kennt keine Verneinung, darum ist es wenig hilfreich, kleinen Kindern zu erzählen, was sie nicht tun sollen.
„Jetzt fang nicht wieder an, auf den Kochtöpfen Schlagzeug zu spielen!", sagt Tante Sabine, als Max zu Besuch kommt. „Wieder Schlagzeug spielen, saugute Idee!" Ein solcher Gedankengang läuft dann unbewusst in Max' Kopf ab.
Deshalb ist es gut, unsere Wünsche und Ziele immer positiv zu formulieren. Im Folgenden habe ich einige Dinge aufgelistet, die zu beachten sind, wenn Sie erfolgreich Ziele oder Veränderungen Ihres Verhaltens erreichen wollen.

> ➤ Machen Sie gezielt eine **„Ein-Punkt-Strategie"**.
> *So haben Sie Zeit, sich in Ruhe auf eine einzige Verhaltensänderung zu konzentrieren, um diese dann wirklich erfolgreich umzusetzen.*
> ➤ Formulieren Sie das, was Sie wollen, positiv.
> *Statt: Man sollte nicht soviel grübeln:* **Ich werde** *jetzt die Gedanken stoppen und zu gegebener Zeit Lösungen suchen!*

Benutzen Sie dabei Ich-Sätze statt unpersönlicher Man-Sätze.
- Definieren Sie Ihr Ziel genau!
Woran merken Sie, dass Sie Ihr Ziel erreicht haben? Ein Erfolgserlebnis werden Sie nur haben, wenn Sie es auch erreichen. Dafür muss aber das Ziel klar bestimmt sein.
- Formulieren Sie die richtigen Ziele für sich.
Wollen Sie dieses Ziel wirklich erreichen? Passt es zu Ihnen? Erreichen Sie damit, was Sie wirklich wollen? Müssen Sie etwas in Ihrem Leben aufgeben, um dieses Ziel erreichen zu können?
- Ist es wirklich erreichbar?
Nur realistische Ziele machen Sinn.
- Ist Ihre Motivation groß genug?
Was bringt es Ihnen und lohnt es die Mühe?
- Bestimmen Sie einen genauen Zeitpunkt.
Morgen oder **heute Abend** *nehme ich mir eine Stunde und beschäftige mich damit. Setzen Sie sich eventuell ein Datum.*
- Ist das Ziel in recht kurzer Zeit erreichbar?
Andernfalls droht Ihnen Frust. Unterteilen Sie größere Vorhaben in kleine Häppchen, Tages-, Wochen- oder Monatsziele. Diese Etappenziele müssen Sie auch klar definieren. Wenn Sie diese dann erreichen, merken Sie, dass Sie vorankommen. Die Erfolgserlebnisse werden Sie motivieren.
- Visualisieren Sie Ihr Ziel.
Sehen Sie es plastisch vor sich und wie es ist, wenn Sie es erreicht haben.

Praxis im Anhang: „Die passende Zielbestimmung", Seite 180

Nicht nur Ihr Kopf ist gefragt

Zu Beginn dieses Buches beschrieb ich anhand eines Beispiels, wie ein „typischer" Grübelkreislauf aussehen kann. Es begann mit sorgenvollen Gedanken, hatte dann auch Auswirkungen auf das Verhalten und körperliche Veränderungen traten ein. Der Atem und die Körperhaltung veränderten sich. Durch eine Änderung der Körperhaltung können Sie Ihren seelischen Zustand und damit die Gedanken beeinflussen. In konkreten Situationen haben Sie so schnell die Möglichkeit, aufkommendes Grübeln zu stoppen.

Es gibt eine Fülle von Methoden, die helfen, zu mehr Ruhe und Gelassenheit zu finden.

Manche wirken sich eher langfristig aus und versetzen Sie mittels einer regelmäßigen Praxis in einen entspannteren Grundzustand.

Andere Techniken wirken direkter, diese können Sie auch im „Notfall" gut verwenden.

Neben der Möglichkeit, einen Kurs zu besuchen, können Sie auf ein reichhaltiges Angebot von CD's und Kassetten zurückgreifen. Die Progressive Muskelentspannung nach Jacobsen kann ohne jede Vorerfahrung mit Hilfe von Tonträgern direkt ausgeübt werden.

Sammeln Sie Ihre eigenen Erfahrungen. Es gibt nicht „die beste" Methode, aber eine Methode, die am besten zu Ihnen passt.

Dabei geht es nicht um Perfektion, sondern darum, was Ihnen gut tut und Spaß macht. Aus guten Gründen ist Entspannung keine olympische Disziplin. Weder passt der Leistungsgedanke dazu noch ist sie messbar. Spaß und Freude sind „Grübelkiller".

Wichtig ist ausschließlich, wovon Sie profitieren. Die Perfektion eines indischen Yogis oder eines Tai-Chi-Lehrers muss nicht Ihr Maßstab sein..

„No sports" sagte der wohlgenährte Churchill und steckte sich eine weitere dicke Zigarre an. Erstaunlicherweise erreichte er das stolze Alter von 91 Jahren. Es sei dahingestellt, ob er trotz dieser Lebensweise oder gerade wegen ihr dieses Alter erreichte. Es ist sicher auch müßig zu spekulieren, wie alt er wohl bei gesunder Ernährung, ausreichend Bewegung und Verzicht auf seine Zigarren geworden wäre. Er litt unter Sodbrennen und starb an einem Gehirnschlag, beides können Zeichen für eine recht ungesunde Ernährung und Lebensweise sein.

Aber ich vermute, dass seine Lebensweise mit seinen Grundüberzeugungen übereinstimmte, er sich nach reichhaltigem Essen und einer guten Zigarre rundherum wohl fühlte und sich nicht mit Gewissenbissen quälte.

Sport und Bewegung können Stress abbauen und die Blockaden lösen, in denen Menschen beim Grübeln feststecken. Die Botenstoffe Endorphin und Serotonin werden im Gehirn durch ausdauernde körperliche Anstrengung freigesetzt und lösen Glücksgefühle aus. Sauerstoff erfrischt den Körper und steigert die Leistungsfähigkeit des Gehirns erheblich.

Wenn Sie Spaß daran haben, ist sportliche Bewegung gesundheitsfördernd und erhöht die Lebensfreude. Wenn Sie sich nur mit dem Verstand dazu zwingen und ein schlechtes Gewissen haben, wenn Sie „sich gehen lassen" und die körperlichen Aktivitäten versäumen, wären Sie vielleicht mit Churchills Devise besser bedient.

Erinnern Sie sich an den Grübelkreislauf: Beim Grübeln stecken Menschen sowohl gedanklich als auch körperlich fest.

Prüfen Sie ernsthaft, ob Ihnen mehr Bewegung oder Sport gut täte und suchen Sie sich dann das aus, was Ihnen Freude macht und am besten in Ihren Alltag zu integrieren ist. Achten Sie auf Ihre Bedürfnisse und lassen Sie sich nicht von: „In der Woche *muss man* mindestens ..." leiten!

Vielen Menschen erleben es als ein hilfreiches Mittel gegen Stress, wenn sie sich körperlich anstrengen und verausgaben. Joggen und bewegungsintensiver Sport bieten sich an.

Tanzen stellt für viele Menschen eine ideale Kombination aus Bewegung und Spaß dar.

Vielleicht reicht es auch, manche Alltagswege zu Fuß oder mit dem Rad statt mit dem Auto zurückzulegen.

Was hindert Sie daran, mehr Bewegung in Ihr Leben zu bringen? Entspricht dies Ihnen wirklich nicht oder gibt es andere Gründe?

„Essen und Trinken hält Leib und Seele zusammen", sagt ein bekanntes Sprichwort.

Eine „gesunde" Ernährung ist nur dann hilfreich und kann einen Beitrag zu einem relaxteren Leben bieten, wenn sie stimmig in unser gesamtes Lebenskonzept eingebunden ist.

Fitnesswahn und von der Werbung vorgegebene Idealfiguren wirken eher stressend auf uns und schaffen schlechte Gefühle. Diese Ziele entsprechen uns oft nicht und sind für viele unerreichbar.

Eine ausgewogene Lebensweise ist eine gute und wichtige Basis, um in einem guten Grundzustand zu sein. Der wiederum ist ein zentraler Baustein für ein sorgenarmes und lösungsorientiertes Denken.

Für viele Menschen gehört es zu einer ausgewogenen Lebensart dazu, hin und wieder „über die Stränge zu schlagen". Wenn Sie ungesunde „Laster" haben, befriedigen Sie damit Bedürfnisse, die Ihnen wichtig sind. Nur wenn Sie diese auf andere Art und Weise erfüllen, können Sie ohne Zwang und Entsagungen darauf verzichten.

Übungen

Kleine Muskelentspannungsübung:
Setzen Sie sich aufrecht und entspannt hin und atmen Sie einige Male tief und ruhig durch. Dann spannen Sie Ihre Muskulatur kräftig an. Achten Sie darauf, dass Ihr Atem dabei ruhig weiterfließt.

Entspannen Sie Ihre Muskeln mit einer Ausatmung, bei der Sie den Atem einfach hinausströmen lassen. Lassen Sie Ihren Körper dabei ruhig etwas zusammensinken. Achten Sie darauf, dass Ihr Atem weiterhin ruhig und tief fließen kann.

Praxis im Anhang: „Progressive Muskelentspannung", Seite.182.

Kleine Atementspannung:
Nehmen Sie eine entspannte Körperposition ein. Beobachten Sie zunächst nur Ihren Atem, ohne ihn zu beeinflussen. Atmen Sie dann ohne Anstrengung immer tiefer und ruhiger ein.

Achten Sie darauf, dass sich Ihr Bauch dabei etwas hebt und der Atem auch tief in den Bauch fließt. Während Sie die Einatmung leicht verstärken, lassen Sie die Luft zum Ausatmen einfach strömen und unterstützen nichts.

Sie können sich vorstellen, dass beim Ausatmen schlechte Gefühle und negative Gedanken mit herausströmen.

Lichtdusche:
Setzen Sie sich bequem und aufrecht hin. Erinnern Sie sich an das Gefühl, unter einer angenehm warmen Dusche zu stehen. Stellen Sie sich vor, in warmem Licht zu baden. Von oben fällt das Licht in ihrer Lieblingsfarbe auf ihren Körper und füllt ihn ganz aus. Während immer neues Licht nachströmt, wandelt es alle Verspannungen um in Wärme und lässt sie nach unten abfließen.

6. Das Leben ist mehr als ein Rätsel

Der Untertitel dieses Buches bietet lösungsorientiertes Denken als Weg aus der Grübelfalle an. Sie haben vielfältige Ansätze, Ideen und Techniken kennen gelernt.

An dieser Stelle liste ich noch einmal die wichtigsten Elemente auf, die für einen lösungsorientierten Umgang mit Problemen des Alltags hilfreich sind:

➤ Ein guter angstfreier Zustand als Basis,
➤ Keine Selbstabwertung, es gibt keine Fehler, nur Feedback,
➤ Der Blick geht nach vorne und berücksichtigt dabei vergangene Erfahrungen,
➤ Die eigenen Maßstäbe und Bedürfnisse bestimmen die Ziele,
➤ Vorausschauende Planung mit Einbeziehung der Gefühle und Intuitionen,
➤ Die Ziele positiv visualisieren,
➤ Entscheidungen treffen.

Eine Gemeinsamkeit neuerer therapeutischer Verfahren ist, dass vermehrt in die Zukunft geblickt und nach Lösungen gesucht wird, statt in der Vergangenheit nach den Ursachen der Probleme zu forschen. Dieses Vorgehen hat sich bewährt.

Der Begriff „Lösungsorientierung" kann jedoch zu Missverständnissen führen, „Lösungen" suchen wir auch beim Kreuzworträtsel. Während es dort immer eine richtige (Auf-)Lösung gibt, finden wir im echten Leben leider manchmal keine.

Probleme lassen sich auf verschiedene Arten lösen. Es gibt

immer bessere und schlechtere Möglichkeiten, mit Schwierigkeiten umzugehen. Finden Sie die für Sie passenden.

Mit manchen Dingen müssen wir auch leben. Das Leben ist eben kein einfaches Rätsel.

In diesem Buch habe ich Ihnen konkrete Möglichkeiten vorgestellt, wie Sie mit sorgenvollen Gedanken und Grübelsituationen besser umgehen können. Einige sind eine Art „Notbremse" und „Warnschilder" vor den Grübelfallen. Andere können Wege zu einem veränderten Lebensgefühl sein, mit dem Sie mehr Gelassenheit und Selbstvertrauen im Alltag erleben werden und das sorgenvollem Grübeln keinen Platz bietet.

Verschiedene Methoden ermöglichen kleine, praktische und hilfreiche Veränderungen im Alltag. Sie können Anstöße geben, alte Verhaltensmuster dauerhaft zu verändern. Eine gewisse Lockerheit und Gelassenheit entsteht dann wie von selbst!

Sehen Sie den Weg dorthin als Ziel an. Wenn Sie ihn ganz entspannt beschreiten, wird sich eine positive Eigendynamik entwickeln. So wie eine Problemtrance Sie immer stärker in negative Gefühle hineinzieht, erreichen Sie das Gegenteil, wenn Sie nach und nach etwas sorgloser und gelassener werden.

Die Fülle von Anregungen und Tipps könnte Sie dazu verleiten, zuviel auf einmal umsetzen zu wollen. Finden Sie ein gutes Maß, andernfalls können Sie enttäuscht scheitern, statt erfolgreich dem Grübelkreislauf zu entkommen. Wenn Sie langsam vorgehen, erreichen Sie mehr.

Ein Alpinist macht auf schwierigem Terrain nur kleine Schritte und sucht sich klugerweise den leichtesten und damit sichersten Weg aus. Wenden Sie dieses Buch genauso an und lassen Sie sich nicht nur Zeit, sondern planen Sie kleine Schritte.

So wie Sie nur einen Gedanken auf einmal denken können, werden Sie auch nur eine Ihrer Verhaltensweisen auf einmal verändern können. Dies wird Ihre Aufmerksamkeit zur Genüge in Anspruch nehmen.

Verlassen Sie sich auf den Schneeballeffekt, der dadurch ausgelöst wird.

Wie, wann und ob Sie etwas an Ihrer Lebenssituation verändern können, hängt in der Regel von Faktoren ab, die Sie nicht immer beeinflussen können. Es kann deshalb hilfreich sein, wenn Sie Probleme in eine dieser drei Gruppen einteilen:
➤ Dinge, die Sie kurzfristig verändern können,
➤ Dinge, die Sie mittelfristig verändern können,
➤ Dinge, die (vorerst) unabänderlich sind.

„Herr, gib mir die Gelassenheit, Dinge hinzunehmen, die ich nicht ändern kann.
Gib mir den Mut, Dinge zu ändern, die ich ändern kann.
Und gib mir die Weisheit, das eine vom anderen zu unterscheiden."

(Friedrich Christoph Oetinger)

Richten Sie bitte bei der Anwendung dieses Buches Ihr Augenmerk auf die folgenden drei Aspekte:

➤ **Die Aufmerksamkeit immer nur auf einen Punkt richten,**
➤ **Schritt für Schritt langsam vorgehen,**
➤ **Alle neuen Verhaltensweisen müssen zu Ihnen passen.**

Vergessen Sie ruhig alles in diesem Buch, das Ihnen persönlich nicht wichtig erscheint. Versuchen Sie nicht, alles Mögliche im Kopf zu behalten. Was Ihnen wichtig ist, haben Sie sicherlich abgespeichert und es wird Ihnen bei Bedarf zur Verfügung stehen.

Suchen Sie einen spielerischen, lockeren Umgang mit diesem Buch und Ihrem Veränderungsprozess. Spaß und Freude dürfen sein. Richard Bandler, einer der Pioniere des NLP, empfiehlt in einem seiner Bücher:

„Genauigkeit statt Ernsthaftigkeit"

Entgegen der landläufigen Ansicht ist es durchaus möglich, etwas gründlich, genau und zielgerichtet zu tun und gleichzeitig heiter und entspannt zu sein.

Grübeln hat manchmal eine gewisse Nähe zu Depressionen und Zwangsgedanken. Es kann daher in manchen Fällen sinnvoll sein, wenn Sie sich professionelle Hilfe holen. Dafür kann und will dieses Buch keinen Ersatz bieten. Scheuen Sie nicht davor zurück, sich an einen Berater oder eine Therapeutin zu wenden.

Bei Zahnschmerzen greifen Sie wahrscheinlich auch nicht selbst zur Zange. Wenn Ihr Computer abstürzt und Sie auf diesem Gebiet nicht sehr bewandert sind, holen Sie sich auch einen Profi, ohne sich dafür zu schämen.

Wenn Sie das Gefühl haben, dass Sie Unterstützung brauchen, warten Sie nicht zu lange damit. Mit einem Auto fährt man normalerweise in die Werkstatt, wenn eine Warnleuchte aufleuchtet und nicht erst, wenn schwarzer Rauch aufsteigt.

Sich eine Beratung zu holen ist nichts Schlimmes und kein Ausdruck von psychischen Schäden. Sehen Sie es eher als Möglichkeit, Anregung von außen zu bekommen. Sie erfahren mehr über sich und werden in Zukunft mehr Handlungsmöglichkeiten zur Verfügung haben.

Da wir bei der Geburt keine Gebrauchsanweisung für unser Gehirn erhalten haben, ist es vollkommen natürlich, auch mal auf fremde Hilfe zurückzugreifen. Dies gilt vermehrt in der heutigen Zeit. Durch die Auflösung sozialer Gefüge schwindet ein System, das durch gesellschaftliche Konventionen eine relative Sicherheit für „richtiges" Verhalten gibt.

Therapeuten sind auch nur Menschen und haben vielleicht aus denselben Gründen ihren Beruf gewählt, die Sie dazu bewegen, sich an sie zu wenden.

7. „Grüblerische Gedanken" zum Abschluss

Die verschiedenen Methoden und Übungen, die in diesem Buch vorstellt wurden, finden Sie im Anhang noch einmal übersichtlich dargestellt vor.

Auch wenn Sie sich manchmal gefangen und hoffnungslos fühlen sollten, schon durch erste Schritte sind Veränderungen und Fortschritte möglich. Diese werden Ihnen Mut machen und einen Veränderungsprozess in Gang setzten.

Sie werden dieses Buch höchstwahrscheinlich lesen, weil Sie häufig grübeln und diese Verhaltensweise Sie stört. Beziehen Sie die folgenden Aspekte in Ihre Überlegungen mit ein:

Versuchen Sie einmal, Ihr Grübeln aus einer Außenperspektive zu sehen. Was ist eigentlich schlimm daran? Alles oder nur ein Teilaspekt? Müssen Sie Ihr Verhalten wirklich komplett ändern oder reicht es vielleicht aus, wenn Sie nur etwas anders grübeln? Erfolgreicher? Zufriedenstellender? Beispielsweise indem Sie die Gedanken nicht mehr ohne Ende hin und her wälzen, sondern einen „Grübelprozess" mit einer Lösung oder Entscheidung abschließen, also positiv beenden.

Gedanken nachgehen umfasst mehrere Aspekte: Tagträumen nachgehen, Fäden gedanklich weiterspinnen und sich kreativ mit Fragen beschäftigen gehören dazu. Auch Gedanken wie „Was hätte sein können, wie hätte ich es anders machen können?" müssen nicht in einer Problemtrance enden. Mit einem veränderten Umgang können sachliche Fragen Ihr Leben bereichern, ohne es zu belasten. In der Rückschau können Sie überlegen, wo Sie Handlungsalternativen gehabt hätten und wie Sie über diese in der Zukunft verfügen können.

Vielleicht können Sie Ihre Neigung zum Grübeln sogar positiv sehen? Nicht als unnötige Zeitverschwendung, sondern als etwas, das Ihnen Spaß macht? Könnte es so sein, dass nicht das Grübeln an sich ein Problem ist, sondern nur Ihre Sichtweise davon?

Vielleicht gehört eine gewisse Portion an Nachdenklichkeit zu Ihrer Persönlichkeit. Ihre Freunde und Sie selbst würden es vielleicht vermissen, wenn es plötzlich fort wäre.

Wenn Sie Ihr Grübeln komplett aufgäben, hieße dies auch eine neue Identität annehmen. Sie haben jetzt vielleicht ein Selbstbild als ein reflektierter, sorgfältig abwägender Mensch. Wie wären Sie, wenn Sie sich komplett verändern würden? Welches neue Selbstbild würde entstehen?

➤ Luftikus?
➤ Egoistisch?
➤ Unverantwortlich?
➤ Unbedacht?
➤ Leichtfertig?

Könnten Sie dies annehmen oder lehnen Sie es ab und möchten gar nicht dorthin wechseln? Vielleicht finden Sie andere Umschreibungen, die besser zu Ihnen passen, oder einen guten Kompromiss zwischen Ihrem „alten" und einem „neuen" Selbstverständnis.

Woran hindert Sie Ihr Grübeln? Welche positiven Veränderungen würden Sie in Ihrem Leben erreichen, wenn Sie es aufgeben würden? Vielleicht mehr Leichtigkeit, mehr Spaß?

Versuchen Sie, den „Grübler" und den „Lebenskünstler" in ein neues Gleichgewicht zu bringen. Vielleicht können „innere Berater" ein Team bilden, das Ihnen bei der Suche hilft?

Schnelle, manchmal auch vorschnelle Lösungen entsprechen dem Zeitgeist. Oberflächlichkeit ist „in", den Dingen auf den Grund zu gehen ist „out".

All diese Aspekte sollten Sie einmal bedenken, denn oft reicht wirklich eine andere innere Einstellung oder kleine Verhaltensänderungen, um etwas nicht mehr als Problem zu erleben.

Nach so viel Nachdenklichem gibt's zum Abschluss noch eine Kurzfassung der Inhalte dieses Buches:

Das kölsche Grundgesetz
Es regelt seit römischen Zeiten das Leben und macht es leichter.

§1 Sieh den Tatsachen ins Auge: **Et es wie et es.**

§2 Habe keine Angst vor der Zukunft: **Et kütt wie et kütt.**

§3 Lerne aus der Vergangenheit: **Et hätt noch immer jot jejange.**

§4 Jammere den Dingen nicht nach: **Wat fott es es fott.**

§5 Sei offen für Neuerungen: **Et bliev nix wie et wor.**

§6 Sei kritisch, bei Neuerungen: **Kenne mer nit, bruche mer nit, fott domet.**

§7 Füge dich in dein Schicksal: **Wat wellste maache?**

§8 Achte auf deine Gesundheit: **Mach et jot ävver nit ze off.**

§9 Stelle immer erst die Universalfrage: **Wat soll der Quatsch?**

§10 Sei immer gastfreundlich: **Drinkste eine met?**

§11 Bewahre dir eine gesunde Einstellung zum Humor: **Do laachste dich kapott.**

8. Weitere Übungen

In diesem Anhang finden Sie Übungen, mit denen Sie Ihre Wahrnehmung und Ihr Verhalten wirkungsvoll verändern können.

Viele dieser Übungen arbeiten mit Imaginationen. Damit Ihnen eine neue Verhaltensweise auch wirklich zur Verfügung steht, reicht es nicht aus, sie nur in Gedanken zu planen. Durch Visualisieren können Sie einen veränderten Umgang mit zukünftigen Situationen „(vor)erleben". Je stärker alle Sinne und Gefühle beteiligt werden, umso näher kommen Sie dabei einem „echten" Erleben.
Wenn Sie dabei bedeutsame neue Erfahrungen machen, verankern Sie Handlungsalternativen im Gehirn und legen neue neuronale Wege an, die Sie später „gehen" können.

Durch Visualisierung ergibt sich auch die Möglichkeit, ein neues Verhalten daraufhin zu überprüfen, ob es wirklich zu Ihnen passt. Durch imaginatives Probehandeln können Sie testen, ob es sich wirklich gut „anfühlt" oder noch etwas verändert werden müsste.
Gehen Sie deshalb alle Schritte sorgfältig durch und spielen Sie mit Ihrer Fantasie. Seien Sie bereit für neue Erfahrungen, auch wenn Ihnen vielleicht manches ungewöhnlich erscheint.

Manchmal ist es einfacher, wenn eine zweite Person Sie anhand des Textes „führen" kann.
Mit Hilfe eines Diktiergeräts oder eines Tonbandes können Sie ihn sich auch selbst vorlesen.

Die folgenden Übungen sind Modelle, mit denen Sie arbeiten können. Wenn Sie etwas Erfahrung auf diesem Gebiet besitzen, können Sie natürlich nach Bedarf etwas verändern und Ihren individuellen Bedürfnissen anpassen.

Verschaffen Sie sich Distanz

Dies ist eine hervorragende Methode, wenn Sie einen größeren gefühlsmäßigen Abstand zu belastenden Ereignissen gewinnen möchten.

1. Stellen Sie sich vor, Sie sitzen in einem Kino.
Auf der Leinwand läuft gerade ein Film, indem die Situation gezeigt wird, die Sie zur Zeit belastet. Sie sehen das Geschehen so real, als ob die echte Szene heimlich gefilmt worden wäre.

Es mag sein, dass Sie beim Betrachten der Filmszene die mit der Situation verbundenen Gefühle wiedererleben.

2. Nehmen Sie bewusst die Rolle eines Kinogängers ein.
Stellen Sie sich vor, dass eine Schauspielerin oder ein Schauspieler Ihre Rolle auf der Leinwand spielt. Sie selbst hingegen sind ein Kinobesucher. Sie sitzen entspannt im Kinosessel, wissen um die Gefühle „Ihres" Schauspielers und können diese auch nachvollziehen. Aber Sie erleben diese Empfindungen nicht, sondern verfolgen die Handlung aus der Distanz.

3. Wechseln Sie Ihren Platz.
Unter Umständen ist Ihnen der emotionale Abstand immer noch zu gering.

Stellen Sie sich dann vor, Sie befänden sich in einem riesigen Kino. Hinter Ihnen gibt es noch zahlreiche weitere Sitzreihen. Stehen Sie auf und setzen Sie sich in die allerletzte

Reihe. Betrachten Sie von hier aus das Geschehen auf der weit entfernten Leinwand.

4. Besuchen Sie den Filmvorführer.
Noch mehr Distanz können Sie erreichen, wenn Sie den Kinosaal verlassen und in den Vorführraum gehen. Durch ein sehr kleines Fensterchen blicken Sie in das Kino und auf die Leinwand. Die Geräusche des Projektors übertönen fast den Ton des Films.

(Steve, Praxiskurs NLP)

Ihren sorgenfreien Ort finden

Mit dieser Übung können Sie einen Ort finden, an dem grüblerische Gedanken Sie nicht erreichen werden.

Ziehen Sie sich dafür in einen Raum zurück, wo Sie sicherstellen können, dass Sie für circa eine halbe Stunde nicht gestört werden. Es sollte sich nicht um einen Platz handeln, an dem Sie gegrübelt haben, der durch sorgenvolle Gedanken oder aus anderen Gründen negativ besetzt ist.

1. Finden Sie Ihren sorgenfreien Ort.
Setzen oder legen Sie sich entspannt hin und schließen Sie Ihre Augen. Stellen Sie sich vor, dass Sie sich auf eine Reise begeben. Sie sind auf dem Weg zu Ihrem ganz persönlichen Ort, an dem Sie vor allen Anforderungen des Alltags Ruhe haben.

Sehen Sie sich selbst auf Ihrer Reise zu und betrachten Sie die Landschaften, die an Ihnen vorüberziehen. Vielleicht finden Sie schnell einen Platz, der als Ihr persönlicher Rückzugsort geeignet ist, und können sich schon dort niederlassen. Vielleicht müssen Sie auch erst mehr Abstand zwischen sich und den Alltag bringen. Lassen Sie sich Zeit.

Wenn Sie merken, dass Ihnen die Suche schwer fällt, weil Ihnen störende Gedanken folgen, schütteln Sie diese ab.

Vielleicht hilft Ihnen die Vorstellung, dass Ihnen die Gedanken wie eine Wolke folgen. Die wird dann plötzlich vom Wind erfasst und weggeweht.

Sie können Ihre Gedanken auch in einen Rucksack packen, den Sie zu Beginn der Reise noch mit sich tragen.

Spüren Sie sein Gewicht, das von Schritt zu Schritt schwerer wird, auf Ihren Schultern. Suchen Sie ein Versteck, wo Sie Ihren Rucksack sicher lagern können, bevor Sie ihn auf Ihrem Rückweg wieder mitnehmen werden. Genießen Sie es, wie leicht und federnd Sie sich ohne Gepäck bewegen. Vielleicht werden Sie auf dem Rückweg feststellen, dass Sie einen Teil Ihres Gepäcks getrost auspacken und liegen lassen können.

Wenn Sie sicher sind, Ihre Sorgen losgeworden zu sein, können Sie die Suche nach Ihrem sorgenfreien Ort fortsetzten.

Lassen Sie sich auch von Erinnerungen an Orte anregen, an denen Sie sich sehr wohl gefühlt haben.

Denken Sie an Strände, Wiesen, Seen und Bäche, geschützte Höhlen oder eine Lichtung im Wald. Eine geschützte Stelle, an der Sie gut vor störenden Einflüssen abschirmt sind, kann der geeignete Ort sein, beispielsweise ein Platz in einer Waldlichtung, der von hohen Bäumen oder einer undurchdringlichen Hecke umgeben ist. Oder eine Hütte mit dicken, unverwüstlichen Mauern und einer soliden Tür, die nur Sie selbst öffnen können.

Ihr Ort könnte Sie zur Ruhe und Meditation einladen. Falls Sie in der Stille zum Grübeln neigen, ist ein Ort mit Leben und Bewegung vielleicht vorteilhafter für Sie. Möglicherweise stellen Sie sich vor, selbst in Bewegung zu sein, bei ihrer Lieblingssportart, auf der Tanzfläche oder beim Baden in Meer.

2. Genießen Sie Ihren sorgenfreien Ort.

Wenn Sie Ihren sorgenfreien Ort gefunden haben, begeben Sie sich in Ihrer Fantasie dorthin.

Tauchen Sie mit all Ihren Sinnen in die Szene ein und malen Sie ihn weiter aus.

Nehmen Sie die Farben, das Licht und auch die Geräusche wahr, die Sie dort hören.

Achten Sie auf Gerüche, die Temperatur und die Empfindungen auf Ihrer Haut.

Was tun Sie dort? Wie bewegen Sie sich?

Nehmen Sie die wohlige körperliche und seelische Entspannung wahr, die Ihnen dieser Ort bietet.

Wie können Sie es sich dort noch angenehmer machen? Alles, was nicht ganz nach Ihrem Geschmack ist, können Sie verändern.

Bleiben Sie ruhig einige Zeit dort und genießen Sie die ungestörte Ruhe und Sicherheit, die Sie vorfinden.

Überlegen Sie sich ein Zeichen oder Symbol, das Sie an diesen Ort erinnert, bevor Sie in die Gegenwart zurückkehren, indem Sie sich etwas bewegen und strecken.

3. Nehmen Sie die Kraft mit in den Alltag.
Nehmen Sie die gewonnene Sicherheit und Kraft mit in Ihren Alltag. In Gedanken können Sie jederzeit an Ihren Ort zurückkehren. Je öfter Sie dies in Ihrer Phantasie tun, umso leichter finden Sie den Weg dorthin. Ihr Ort steht Ihnen auch in sorgenvollen Zeiten immer zur Verfügung.

Wenn Sie ihn das nächste Mal aufsuchen, können Sie ihn noch weiter Ihren Bedürfnissen anpassen.

In einen guten Zustand kommen

Unser mentaler Zustand bestimmt nicht nur unsere Gefühle, sondern beeinflusst massiv unsere Denkrichtung und unsere Handlungsmöglichkeiten. Es gibt Situationen, in denen wir optimistisch in die Zukunft blicken, uns stark und selbstbewusst fühlen, entspannt und sorgenfrei sind.

Mit der folgenden Methode können Sie sich in den von Ihnen gewünschten Zustand versetzten.

Angenommen, Sie tun sich gerade schwer damit, eine Entscheidung zu treffen. Erinnern Sie sich an eine Situation in der Vergangenheit, in der Sie tatkräftig und entscheidungsfreudig waren. Versetzten Sie sich in diesen Zustand zurück und erleben Sie ihn noch einmal.

Führen Sie sich die damalige Situation vor Augen und richten Sie Ihre Aufmerksamkeit auf folgende Aspekte:

➤ Wie war Ihre Körperhaltung?
➤ Wie ging Ihr Atem?
➤ Welchen Gesichtsausdruck hatten Sie?
➤ Was brachten Sie mit Ihrer Körperhaltung zum Ausdruck?
➤ Wie empfanden Sie Ihre Körperspannung?
➤ Welches Gefühl hatten Sie damals?
➤ Welche Bilder gingen Ihnen durch den Kopf?

Nehmen Sie den Zustand, in dem Sie sich damals befanden, bewusst wahr. Ihre Gedanken, Gefühle, Atmung, Mimik und Körperhaltung bestimmten diesen Zustand gemeinsam.

Versetzen Sie sich jetzt in diesen Zustand, indem Sie die Situation „nachspielen": die gleiche Körperhaltung einnehmen, genauso atmen, den Gesichtsausdruck imitieren und die Gefühle von damals wieder auftauchen lassen.

Wie können Sie diesen Zustand noch verstärken? Vielleicht gelingt es Ihnen, indem Sie einige seiner Ausdrucksformen etwas „übertreiben".

Finden Sie ein passendes Symbol, das diesen Zustand beschreibt, oder einen prägnanten Begriff, der ihn „auf den Punkt" bringt.

Da Sie jetzt wissen, wie Ihr persönlicher „sorgenfreier Zustand" aussieht, können Sie ihn in Zukunft gezielt einnehmen. Wenn Sie ihn durch Körperausdruck und Atmung „imitieren", werden die Gefühle und die Gedanken folgen. Ein Symbol, ein Begriff oder entsprechende Erinnerungen werden Ihnen dabei helfen.

Diese Methode ist auf andere Zustände übertragbar, sei es ein guter Lernzustand, ein Zustand in dem Sie sehr mutig waren oder auch einer, in dem Sie einfach locker und beschwingt waren, ohne Ansprüche und Anforderungen.

Six-step-reframing

Das „six-step-reframing" ist eine Methode, mit der ein neuer „Rahmen" für eine Verhaltensweise, mit der Sie unzufrieden sind, gesucht wird. Dabei ist es wichtig, im ersten Schritt das Verhalten, das Sie ändern möchten, zu benennen. Ich stelle Ihnen diese Methode am Beispiel einer Person vor, die weniger grübeln möchte. Ihre persönliche Lösung dieses Problems wird wahrscheinlich anders aussehen.

Mit dieser Methode können Sie natürlich auch Ihre Sichtweise in anderen Lebensbereichen verändern.

1. Schritt: *Mit welcher Verhaltensweise sind Sie unzufrieden?*
„Ich grüble zu viel."

2. Schritt: *Betrachten Sie das von Ihnen als problematisch erlebte Verhalten näher.*
Setzen Sie sich entspannt hin und schließen Sie die Augen.
Wann neigen Sie zu diesem Verhalten?
Tritt es in diesen Situationen immer auf oder nur manchmal?
Was ist anders, wenn es nicht auftritt?

3. Schritt: *Finden Sie die positive Absicht dieses Verhaltens.*
Mit jeder Ihrer Verhaltensweisen wollen Sie etwas Positives für sich erreichen, ein Bedürfnis erfüllen. Leider funktioniert

das nicht immer, da wir manchmal einen Weg einschlagen, der uns nicht zum Ziel führt.

Trotzdem macht niemand irgendetwas, um sich selbst zu schaden!

Auch wenn Sie Ihr Grübeln negativ erleben, verfolgen Sie damit eine positive Absicht.

Diese könnte zum Beispiel sein.

➤ „Durch gründliches Nachdenken entdecke ich Fehler rechtzeitig."
➤ „Ich bin immer gut vorbereitet und das gibt mir Sicherheit."
➤ „Ich gehe den Dingen gerne auf den Grund und mag kein oberflächliches Verhalten."
➤ „Ich möchte vermeiden, kritisiert zu werden und mich wieder so zu fühlen wie früher, als strenge Eltern und Lehrer keine Fehler duldeten."

4. Schritt: *Finden Sie Alternativen.*
Das Motiv Ihres Verhaltens haben Sie jetzt kennen gelernt. Sie wollen sich selbst damit etwas Gutes tun, auch wenn dies nicht gelingt. Würdigen Sie deshalb die positive Absicht. Trennen Sie klar zwischen Ihrem Verhalten und dem Ziel, dass Sie damit verfolgen.

Suchen Sie jetzt mehrere andere Verhaltensweisen für die Situationen, in denen Sie grübeln.

Diese müssen ebenfalls den Bedürfnissen, die zu Ihrem Grübeln führen, gerecht werden.

Sie könnten beispielsweise sein:
➤ Gezielt neue Lösungsstrategien für Probleme lernen,
➤ Gedankengänge abschließen und über getroffene Entscheidungen nicht mehr nachdenken,
➤ Durch gezielten Rückgriff auf Ressourcen mehr Sicherheit entwickeln,
➤ Die Zeit zum Nachdenken und Vorausplanen begrenzen und selber bestimmen.

5. Schritt: *Überprüfen Sie Ihre Handlungsalternativen noch einmal.*
Sind Sie sicher, dass diese neuen Möglichkeiten auch wirklich zu demselben Ziel führen? Sollte dies nicht der Fall sein, sind es keine echten Alternativen.

Sind sie wirklich für Sie stimmig und passen sie in Ihr Leben? Falls das nicht der Fall ist, sind sie nicht unbedingt schlecht, nur nichts für Sie.

Sollten Sie kein wirklich gutes Gefühl bei Ihrem Ergebnis haben, gehen Sie noch einmal zum 4. Schritt zurück und finden Sie weitere alternative Handlungsmöglichkeiten.

Wenn Sie ein rundherum zufriedenstellendes Resultat erzielt haben, können Sie den Prozess abschließen.

6. Schritt: *„Future Step" – der Schritt in die Zukunft*
Schließen Sie Ihre Augen und stellen Sie sich eine Situation in der Zukunft vor, in der Sie mit dem veränderten Verhalten reagieren möchten.

Visualisieren Sie alles plastisch und real, als ob Sie es wirklich erleben würden. Spielen Sie die Situation in all ihren Facetten durch, wobei Sie darauf achten sollten, alle Ihre Sinne einzusetzen.

Eine innere Stimme verändern

Die Sprache ist das Medium, in dem wir denken. Denkvorgänge finden oft in unbewussten inneren Dialogen statt. Viele Menschen haben eine „innere Stimme", die sie in inneren Dialogen begleitet.

Mit dieser Übung können Sie diese „innere Stimme" verändern, wenn sie sich in negativer, unangenehmer Weise äußert. Während sie normalerweise nur einseitig zu Ihnen spricht, können Sie mit dieser Übung in einen bewussten Dialog mit ihr treten.

1. Wie ist Ihre innere Stimme?

Denken Sie an eine Situation zurück, in der eine innere Stimme Sie kritisiert hat. Versetzen Sie sich in diese Situation zurück und achten Sie auf den Klang der Stimme, auf ihre Charakteristik, ihr Sprechtempo und auf den Rhythmus ihrer Worte. Gibt es typische Sätze, die Ihre innere Stimme zu Ihnen sagt?

2. Was ist die positive Absicht?

Was wollen **Sie** sich mit **Ihrer** „inneren Stimme" sagen? Sicherlich wollen Sie sich nicht selbst schaden und verfolgen daher eine positive Absicht, wenn Sie sich selbst kritisieren.

Um diesen Zweck herauszufinden, können Sie Ihre „innere Stimme" befragen:

„Was willst Du mit dieser Kritik erreichen?", „Wovor willst du mich schützen?"

Wiederholen Sie diese Frage so lange, bis Sie ein Motiv erkennen, das für Sie nachvollziehbar ist.

3. Anerkennung und Dank

Zollen Sie der positiven Absicht Ihrer inneren Stimme Anerkennung, pflichten Sie ihr bei, und danken Sie ihr dafür, dass sie jene positive Absicht in Ihrem Interesse verfolgt.

4. Bitte um Mithilfe

Fragen Sie Ihre „innere Stimme", ob sie bereit wäre, eine andere Möglichkeit auszuprobieren, um zu diesem Ziel zu gelangen, falls diese mindestens ebenso gut ist wie die bisher genutzte.

Forschen Sie so lange nach, bis Sie eine uneingeschränkte „Ja"-Antwort erhalten.

5. Suchen Sie nach Alternativen.

Welche anderen Möglichkeiten gibt es, die Ziele zu erreichen, die Ihre „innere Stimme" anstrebt? Ihre Persönlichkeit hat auch kreative Seiten, die Ideen haben und Pläne entwickeln. Lassen Sie diese in einen inneren Dialog treten und der kritischen „inneren Stimme" Vorschläge unterbreiten.

Anschließend kann Ihre kritische „innere Stimme" die drei Möglichkeiten aussuchen, die ihr am besten gefallen.

6. Planen Sie die Zukunft.
Stellen Sie sich vor, wie Sie die gefundenen Möglichkeiten nacheinander in geeigneten Situationen ausprobieren, um herauszufinden, wie gut jede von ihnen ihren Zweck erfüllt. Wenn eine weniger gut als erwartet ist, können Sie den fünften Schritt wiederholen und weitere Alternativen entwickeln.

Wenn Sie gute Möglichkeiten gefunden haben, fragen Sie Ihre „innere Stimme", ob sie eine oder mehrere dieser Möglichkeiten tatsächlich in einer entsprechenden Situation verwenden wird.

7. Probieren Sie es aus.
Visualisieren Sie eine konkrete zukünftige Situation und „erleben" Sie diese mit all Ihren Sinnen. Sollte Ihre „innere Stimme" mit Ihrem Verhalten noch immer unzufrieden sein, können Sie es noch etwas verändern.

Ansonsten haben Sie es schon einmal geübt und getestet.

(Steve, Praxiskurs NLP)

Gehen Sie auf Ihre Zeitlinie

Bei der Arbeit mit einer Zeitlinie (Timeline) werden Erlebnisse und Ereignisse im Gesamtzusammenhang des Lebensverlaufs gesehen. Manches, was aus der Nähe bedeutsam erscheint, sieht aus der Ferne betrachtet belanglos aus. Es besteht auch die Möglichkeit, von „außen" auf den Verlauf des eigenen Lebens zu blicken und damit eine andere, vielleicht hilfreichere Sichtweise zu erlangen.

In der Regel stellt man sich die Zeitlinie als Linie auf dem Boden vor, die von der Geburt bis ins hohe Alter führt.

1. Stellen Sie sich nun Ihre persönliche Zeitlinie vor.
Sie beginnt mit Ihrer Geburt und führt bis zu dem Zeitpunkt, wo Sie ein alter Mensch sein werden. Am Anfang liegen Ihre Kindheit und die Zeit, als Sie jugendlich waren. Markieren Sie den Beginn und das (vorläufige) Ende Ihrer Zeitlinie mit einen beliebigen Gegenstand.

Wo befinden Sie sich jetzt? Legen Sie auch dort etwas auf die gedachte Linie. Stellen Sie sich nun selbst an diesen Platz und blicken Sie von dort in Richtung Zukunft.

2. Orten Sie Ihr Problem.
Wo genau befindet sich das Problem, das Ihnen Sorgen bereitet? Markieren Sie auch diese Stelle. Betrachten Sie sie in Ruhe. Spüren Sie, was Sie dabei empfinden.

3. Betrachten Sie alles einmal von außen.
Verlassen Sie nun Ihren Standort auf der Zeitlinie und betrachten Sie alles einmal von außen. Sie nehmen die gewaltige Zeitspanne wahr, die sich vor Ihnen ausbreitet. Von Ihrer Geburt bis zum heutigen Tag war es ein langer Weg. Zahlreiche Schwierigkeiten mussten überwunden werden.

Wie erleben Sie die Bedeutung des Problems jetzt?

4. Gehen Sie ins Alter.
Stellen Sie sich jetzt auf Ihrer Zeitlinie an die Stelle, wo Sie ein alter Mensch sein werden.

Blicken Sie von dort in Ihre „Vergangenheit" zurück. Sie haben Ihr Leben erfolgreich gemeistert, irgendwie alle Klippen umschifft. Betrachten Sie Ihr jetziges Problem von hier aus. Von dieser Warte aus betrachtet liegt es in der Vergangenheit. Stellen Sie sich vor, wie Sie das Problem gelöst haben und welche Ressourcen Sie benötigten.

5. Blicken Sie auf Ihre Ressourcen.
Stellen Sie sich anschließend wieder auf Ihren Gegenwartspunkt. Blicken Sie auch von hier aus zurück. Auf Ihrem Lebensweg gab es Hindernisse und Schwierigkeiten. Vielleicht erinnern Sie sich an Situationen, die Sie an Ihr heutiges Problem erinnern? Mit welchen Fähigkeiten haben Sie die damaligen Anforderungen bewältigt? Denken Sie an die Erleichterung und den Stolz, die vielleicht damit verbunden waren. Wenn es Ihnen schwer fällt, vergleichbare Probleme in der Vergangenheit zu finden, so liegt es wahrscheinlich daran, das sie aus heutiger Sicht geringfügig erscheinen.

6. Erleben Sie Ihre Gegenwart.
Blicken Sie nun das Problem noch einmal an. Sie haben es von außen betrachtet und aus der Zukunft angesehen. Außerdem haben Sie Ihre Stärken und Ressourcen wahrgenommen.
   Wie erleben Sie die vor Ihnen liegende Zeit jetzt?

Innere Bilder verändern

Mit dieser Übung lernen Sie Ihre persönliche Art, Ihre Erinnerungen abzuspeichern, genauer kennen. Hierdurch können Sie Einfluss auf Ihre „inneren Bilder" nehmen und Ihre mit schwierigen Situationen verbundenen Gefühle gezielt verändern.

1. Innere Bilder analysieren
Denken Sie an eine angenehme Situation in der Vergangenheit und versetzen Sie sich in diese zurück, indem Sie sie visualisieren.
   Betrachten Sie das Bild, das Sie vor Ihrem „inneren Auge" sehen, sorgfältig und analysieren Sie es nach den folgenden Kriterien:

Sehen Sie es farbig	oder	schwarzweiß?
Ist es bewegt wie ein Film	oder	eine starres Foto?
Ist es hell	oder	dunkel?
Sind die Farben kräftig	oder	eher blass?
Nimmt es das ganze Blickfeld ein	oder	nur einen Teil, wie ein Passfoto?
Sehen Sie das Bild nahe vor sich	oder	in größerer Entfernung?
Ist es ein klares Bild	oder	verschwommen?
Hat es eine klare Bildgrenze	oder	ist es ohne erkennbaren Rahmen?
Sind Sie selbst im Bild	oder	bleiben Sie außerhalb des Bildes?

Beachten Sie auch, aus welcher Perspektive Sie das Bild sehen. Dies kann beispielsweise von oben oder von unten sein, von rechts oder von links.

Es ist hilfreich, wenn Sie sich Ihre Beobachtungen nach dem obigen Schema notieren.

Versetzten Sie sich nun bitte in eine Situation zurück, die Sie als unangenehm in Erinnerung haben. Analysieren Sie Ihr Bild dieser Situation nach denselben Kriterien und notieren Sie diese ebenfalls.

Ihr Gehirn speichert angenehme und unangenehme Erinnerungen auf unterschiedliche Art und Weise ab. Wie diese bei Ihnen aussehen, wissen Sie jetzt. Damit wissen Sie alles, was Sie benötigen, um vergangene und zukünftige Situationen in einem anderen Licht zu sehen.

2. Veränderung des Erlebens
Gehen Sie zu Ihrer unangenehmen Erinnerung zurück und verändern Sie Ihre Sichtweise, als ob es eine angenehme gewesen wäre. Gehen Sie Schritt für Schritt vor und verändern Sie nur ein Element auf einmal. Meistens folgen die anderen

Aspekte dann wie von alleine. Die verschiedenen Sichtweisen sind nämlich nicht beliebig kombinierbar, sondern bilden jeweils eine recht geschlossene Einheit.

Richten Sie anschließend Ihre Aufmerksamkeit auf die Veränderung Ihres Gefühls.

3. Die auditive Wahrnehmung

Für manche Menschen sind die gehörten (auditiven) Informationen wichtiger als innere Bilder. Sie können Geräusche oder Stimmen, an die Sie sich erinnern, nach derselben Methode analysieren und diese dann entsprechend verändern.

Hören Sie es laut	oder	leise?
Ist die Tonhöhe eher hoch	oder	niedrig?
Hören Sie etwas Schnelles	oder	etwas Langsames?
Ist es ein Dauerton	oder	eher eine Melodie?
Ist es ein voller Ton	oder	eher blechern, quäkend usw.?

Beachten Sie auch die folgenden Kriterien:
➤ Woher kommt das, was Sie hören?
➤ Hören Sie einen Rhythmus?

Ihr Rückgriff auf Ihre Ressourcen

Durch das Auslösen von Ankern können Sie sich Ressourcen gezielt verfügbar machen. Dies ist eine der wirkungsvollsten und dabei sehr einfachen Techniken des NLP.

Im folgenden Beispiel zeige ich Ihnen, wie Sie einen guten, kraftvollen Zustand ankern können. Wenn Sie sich ein einem schlechten, grüblerischen Zustand befinden, können Sie so Kraft und Zuversicht für Problemlösungen finden.

Mit derselben Methode können Sie auch für jeden anderen gewünschten Zustand Anker „installieren".

1. Die Ankerstelle
Zum unauffälligen und wirkungsvollen Einsatz im Alltag eignen sich Berührungsanker (kinästhetische Anker) besonders gut. Mit einer scheinbar zufälligen Berührung können Sie unbemerkt Ihren Anker auslösen.

Es kann sich dabei um eine Berührung des Ohrläppchens handeln oder um eine Hand, die Sie auf Ihr Knie legen. Sehr unauffällig sind Punkte an den Händen. Mit dem Daumen oder einem Finger können Sie sehr diskret einen Punkt drücken.

Es sollte sich dabei um **keine** Geste handeln, die Sie im normalen Alltag benutzen und sie sollte so eindeutig sein, dass Sie diese recht genau wiederholen können.

Wenn Sie eine geeignete Stelle gefunden haben, probieren Sie sie einmal aus. Löst die Berührung dieser Stelle ein Gefühl bei Ihnen aus? Es ist durchaus möglich, dass Sie einen Ankerpunkt gewählt haben, der schon „belegt" ist. Suchen Sie sich in diesen Fall einen neuen, es sei denn, das ausgelöste Gefühl entspricht zufällig dem von Ihnen angestrebten.

2. Die ressourcenvolle Erinnerung
Suchen Sie sich eine besonders ressourcenvolle Situation in der Vergangenheit, in der Sie sehr kraftvoll und handlungsfähig waren.

3. Wiedererleben der Ressource
Versetzen Sie sich in den kraftvollen Zustand zurück. Nehmen Sie die Körperhaltung ein, die Sie damals hatten. Erinnern Sie sich daran, was Sie sahen, hörten, spürten, rochen und schmeckten. Tauchen Sie voll in die kraftvolle Situation ein und achten Sie auf das Gefühl, das sich einstellt. Es sollte intensiv sein und es sollte sich dem erwünschten Gefühl kein unerwünschtes beimengen. Sollte das der Fall sein, suchen Sie sich eine andere Erinnerung.

4. Ankern
Sie können in Ihren Gefühlen schwelgen und diese noch verstärken, indem Sie bewusst etwas „übertreiben".

Drücken Sie Ihren Ankerpunkt im Zeitraum des intensivsten Erlebens.

5. Test
Machen Sie eine kurze Unterbrechung, die Sie am besten mit etwas Bewegung kombinieren.

Anschließend können Sie Ihren Anker testen.

Sollten Sie mit dem Ergebnis noch nicht zufrieden sein, wiederholen Sie das Ankern ruhig. Je häufiger Anker installiert und benutzt werden, desto stärker werden sie.

Drücken Sie Ihren Ankerpunkt, wann immer Sie Ihre Ressource benötigen.

Die Sorgenbrecherstrategie

Falls Sie sich grüblerische Sorgen über mögliche Ereignisse in der Zukunft machen, können Sie den Grübelkreislauf mit der folgenden Methode unterbrechen.

1. Stopp!
Zuerst unterbrechen Sie Ihre Gedankenschleifen durch Bewegung.

Anschließend stellen Sie sich die Frage: „**Was** werde ich tun, wenn die Situation X eintritt?"

2. Handlungsentwürfe
Suchen Sie nach Möglichkeiten, wie Sie dem Problem **aktiv** begegnen können, sofern es wirklich eintritt. Listen Sie sich diese Möglichkeiten auf. Versuchen Sie, mehrere Handlungsalternativen zu finden. Visualisieren Sie diese durch bewegte

Bilder. Achten Sie darauf, dass Sie mit Ihren Gefühlen Abstand dazu halten. Sollte Ihnen dies schwer fallen, können Sie sich vorstellen, die Handlungsalternativen würden Ihnen als Kinobesucher gezeigt.
Vergleiche „Verschaffen Sie sich Distanz", Seite 156.

3. Wahl einer Vorgehensweise
Wählen Sie die Möglichkeit aus, die Ihnen aus der Beobachterperspektive am stimmigsten erscheint.

4. Probieren Sie es aus.
Üben Sie die gewählte Handlungsstrategie konkret ein, indem Sie sie visualisieren. Stellen Sie sich möglichst konkret mit Beteiligung all Ihrer Sinne vor, wie Sie handeln und Ihr Ziel dabei erreichen werden.

5. Überprüfen Sie Ihr Ergebnis.
Fühlen Sie sich bei diesem imaginierten Probedurchgang richtig wohl und passt die Handlungsmöglichkeit zu Ihnen? Wenn Sie nicht zufrieden sind, können Sie noch einmal bei Punkt 2 einsteigen.

Im Kern geht es bei dieser Übung darum, die grüblerische Frage „Was kann mir passieren?" durch die aktive Planung zu ersetzten: „Was kann ich tun, wenn ... wirklich passieren sollte?"

Es kann natürlich durchaus vorkommen, dass Sie keine Lösung finden und im Moment gar nichts unternehmen können. Dies müssen Sie dann für den Augenblick akzeptieren. Bedenken Sie aber auch, dass selten der schlimmste denkbare Fall eintritt. Manchmal ergeben sich unverhofft neue Lösungsmöglichkeiten.

(McDermott; O'Connor, NLP und Gesundheit)

Die Walt-Disney-Strategie

Wenn Sie über Entscheidungen nachgrübeln und sich unsicher sind, was Sie wirklich wollen, bietet sich diese Strategie an. Das vorschnelle Ausblenden von Ideen durch die „Schere im Kopf" wird ebenso vermieden wie das Scheitern an unrealistischen Plänen durch mangelnde Distanz und Kritik.

Die Lösung vieler innerer Konflikte erreichen Sie durch deutliche Trennung von drei Wahrnehmungspositionen. Stellen Sie sich vor, Sie beständen aus drei „Teilpersönlichkeiten", die verschiedene Ihrer Interessen vertreten. Da jede dieser angenommenen „Persönlichkeiten" ein Teil von Ihnen ist, versteht sich, dass alle nur Ihr Bestes wollen.

Ihre „Teilpersönlichkeiten" sind:
➤ **Der Träumer** in Ihnen, der einen Wunsch, eine Idee **unbedingt** verwirklichen möchte, und sich ausschließlich auf diesen Aspekt konzentriert.
➤ **Der Realisierer**, der sich ganz pragmatisch darauf konzentriert, wie dieser Wunsch umzusetzen wäre.
➤ **Der Kritiker**, der ganz gezielt die Schwachstellen Ihrer Überlegungen aufspürt und Ihnen damit hilft, Fehler zu vermeiden.

Um in Ihrem Geiste diese drei verschiedenen Positionen besser trennen zu können, stellen Sie sich vor, dass sich alle an verschiedenen Orten aufhalten, die jeweils gut zu ihren Rollen passen.
➤ Der Träumer könnte in einem bequemen Sessel sitzen oder in einer Hängematte schaukeln,
➤ der Umsetzer würde gut an einen Schreibtisch passen,
➤ den Kritiker könnten Sie beispielsweise stirnrunzelnd und nachdenklich auf und ab gehen lassen.

Sicherlich haben Sie in Ihrem Leben jede der drei Rollen schon einmal innegehabt. Erinnern Sie sich an Situationen, in denen Sie jeweils in einer dieser Positionen richtig gut waren, auch wenn es sich nicht um so große und weltbekannte Projekte wie bei Walt Disney gehandelt hat. Auch in Alltagssituationen nehmen wir häufig die eine oder andere Rolle davon ein.

Versetzten Sie sich nacheinander in diese Rollen. Nehmen Sie sich drei Stück Pappe oder Papier und markieren Sie damit drei Plätze im Raum, an denen Sie die unterschiedlichen Rollen einnehmen wollen. Diese Plätze entsprechen den Arbeitszimmern von Walt Disney.

Versetzen Sie sich jetzt nacheinander in jede dieser drei Positionen:

➤ Seien Sie der **Träumer**: Gehen Sie an die entsprechende Stelle und erinnern Sie sich an eine Situation, in der Sie tolle Ideen und Visionen entwickelt haben, einfach so, ohne über die Verwirklichungsmöglichkeiten nachzudenken, ohne jede Einschränkung durch kritische Gedanken. Erleben Sie diese Situation im Geiste noch einmal.

➤ Jetzt gehen Sie an den Platz des **Realisierers** und schlüpfen Sie in dessen Rolle: Erinnern Sie sich daran, wie Sie eine Idee in der Vergangenheit ganz praktisch erfolgreich verwirklicht haben. Nehmen Sie auch diesmal wahr, wie Sie sich damals gefühlt haben.

➤ Als nächstes sind Sie als **Kritiker** gefragt: Nehmen Sie dessen Platz im Raum ein und versetzen Sie sich in eine Situation zurück, in der Sie erfolgreich Schwachstellen eines Plans gefunden und dadurch Frustrationen, bedingt durch ein Misslingen, verhindert haben.

Bewegen Sie sich etwas, um durch diese Unterbrechung Ihren Kopf wieder frei zu bekommen.

Anschließend wenden Sie sich Ihrem jetzigen Problem zu. Sie schwanken zwischen zwei Polen, sind sich über eine Entscheidung unschlüssig.

Überlassen Sie zuerst dem **Träumer** das Feld. Gehen Sie in „seinen Raum", also an die entsprechende Stelle im Zimmer. Schlüpfen Sie in seine Rolle. Für ihn ist die Sache klar. Malen Sie sich aus, wie es sein wird, wenn Sie Ihren Wunsch umsetzen. Verschwenden Sie dabei keinen einzigen Gedanken daran, ob dies auch möglich ist. Das ist jetzt nicht Ihr Job, das werden schon andere übernehmen.

Jetzt sind Sie der **Realisierer**. Begeben Sie sich räumlich in seine Position. Entwerfen Sie einen konkreten Plan, wie Sie die Idee des Träumers pragmatisch umsetzen können.

Anschließend werden Sie als **Kritiker** aktiv. Sie prüfen den Plan des Realisierers auf Herz und Nieren: Suchen Sie gezielt nach Schwachpunkten. Jetzt interessiert Sie nur dies und nichts anderes. Wenn dabei der Plan komplett verworfen wird, ist Ihnen das in dieser Rolle egal. Seien Sie ruhig gnadenlos. Alle Schwächen des Plans, die jetzt gefunden werden, können später nicht mehr zu Stolperfallen werden.

Begeben Sie sich danach an eine Stelle, von der aus Sie Ihre drei Standorte sehen können.
    Stellen Sie sich jetzt vor, Sie sähen alle drei „Personen" vor sich. Der Kritiker teilt dem Realisierer die Schwachpunkte seines Konzepts mit. Achten Sie darauf, dass er dies auf eine nette Art macht und nur die Inhalte des Plans „zerpflückt", den Realisierer selbst hingegen sehr wertschätzend behandelt. Der Träumer wird vom Kritiker nicht kritisiert.
    Der Realisierer verändert gegebenenfalls seinen Plan und legt ihn anschließend wieder dem Kritiker zur Überprüfung vor.
    Dieses innere Rollenspiel führen Sie bitte fort, bis alle drei Beteiligten mit dem letzten Entwurf des Realisierers zufrieden sind und überzeugt, dass das bestmögliche Ergebnis gefunden wurde. Dies kann ein Kompromiss sein oder auch die

Erkenntnis, dass der Wunsch des Träumers, letztlich Ihr eigener Wunsch, momentan leider unrealistisch ist und daher gestrichen werden muss.

Gehen Sie zum Abschluss noch einmal in Ihre drei „Räume" und überprüfen Sie in den jeweiligen Rollen, ob das Ergebnis wirklich für jeden akzeptabel ist.

Betrachten Sie einmal die Rolle des Kritikers etwas genauer. Er betrachtet alles sorgfältig von allen Seiten und sucht nach eventuell vorhandenen Problemen und Fehlern. Es ist im Prinzip dasselbe Verhalten wie beim sorgenvollen Grübeln. Hier wirkt es sich sehr nützlich aus, da es in einem guten Zusammenspiel mit anderen Aspekten der Entscheidungsfindung steht.

Glücksmomente in der Vergangenheit finden

Die folgende Übung eignet sich besonders, wenn Sie Phasen Ihrer Kindheit oder Ihrer späteren Lebensgeschichte als sehr belastend erlebt haben. Die Erinnerungen an Schönes werden davon oft überlagert.

Ein Rückblick aus der Gegenwart kann neue Perspektiven eröffnen.

1. Stellen Sie sich Ihre Zeitlinie vor.
Nehmen Sie ein großes Blatt Papier und zeichnen Sie eine Linie darauf. Diese stellt den bisherigen Verlauf Ihres Leben von der Geburt bis zur Gegenwart dar.

2. Schauen Sie zurück.
Blicken Sie in Ihre Vergangenheit zurück. Achten Sie darauf, dass Sie dabei einen emotionalen Abstand zu vergangenen Ereignissen einhalten.

Erinnern Sie sich an das Beispiel des Rummelplatzes? Das

Treiben auf der Achterbahn können Sie aus der Distanz ganz gelassen betrachten.

Wenn Ihnen dies nicht ohne weiteres gelingt, versetzen Sie sich zunächst in einen guten Zustand *(siehe Übung „In einen guten Zustand kommen", Seite 159)*.

Darüber hinaus können Sie bei Bedarf einen Anker einsetzen, um stärker und selbstbewusster zu sein *(siehe Übung „Ihr Rückgriff auf Ihre Ressourcen", Seite 169)*.

Außerdem haben Sie die Möglichkeit, Ihre Vergangenheit wie ein Kinobesucher auf der Leinwand zu betrachten *(siehe Übung „Verschaffen Sie sich Distanz", Seite 156)*.

Vergegenwärtigen Sie sich aus der Distanz heraus die verschiedenen Phasen und Ereignisse Ihres Lebens. Markieren Sie diese auf Ihrer Zeitlinie. Begrenzen Sie besonders die belastenden Erlebnisse **deutlich** durch einen Anfangs- und einen Endpunkt.

3. Positive Erfahrungen wahrnehmen

Richten Sie anschließend Ihren Fokus auf die angenehmen Seiten Ihrer Geschichte. Suchen Sie gezielt nach positiven Erfahrungen, Glücksmomenten und -zeiten in Ihrer Vergangenheit. Das müssen keine langen Phasen sein, denn kleine Glücksmomente sind auch bedeutsam. Die Erinnerungen hieran können Sie heute positiv nutzen. Markieren Sie diese auch auf Ihrer Zeitlinie. Sie können dies auch in Ihrer Lieblingsfarbe tun.

Nehmen Sie ruhig Einfluss darauf, wie Sie die Vergangenheit wahrnehmen. Es handelt sich immer um subjektive Bewertungsvorgänge. Sie können Betrachtungsweisen zu Ihren Gunsten verändern. Sie verdrängen nichts, wenn Sie bewusst auf Ihr Denken und Fühlen Einfluss nehmen. Sie schöpfen nur Ihren Interpretationsspielraum zu Ihrem Vorteil aus.

Sie haben jetzt die Möglichkeit, Veränderungen an dem Bild Ihrer Zeitlinie vorzunehmen. Wenn Sie möchten, stellen

Sie sich vor, dass Ihre angenehmen Erinnerungen in Ihrer Lieblingsfarbe leuchten und damit die schlechten Erlebnisse überstrahlen. Auch auf dem Papier können Sie eine veränderte Sichtweise der Vergangenheit farblich gestalten.

4. Der Blick in die Zukunft
Verlängern Sie Ihre Zeitlinie in die Zukunft hinaus. Ihre Vergangenheit liegt hinter Ihnen.

Nutzen Sie nun Ihre Erfahrungen und Ressourcen zur Gestaltung Ihrer Zukunft.

Ihre Ziele und Visionen finden

Die folgende Übung eignet sich dazu, Sie beim Herausarbeiten persönlicher Ziele zu unterstützen.

1. Suchen Sie nach Zielen und Visionen.
Was möchten Sie in den nächsten Jahren für sich selbst verwirklichen und erreichen?

Mehr Zufriedenheit und Erfüllung können wir auch mit „kleinen Dingen" erleben.

Niemals ist alles machbar und erreichbar. Durch diese Begrenzung müssen wir Entscheidungen zwischen den wichtigeren und den unbedeutenderen Dingen im Leben treffen. Das ist auch eine durchaus hilfreiche Strukturierung, die uns hilft, uns auf das zu konzentrieren, was uns wirklich wichtig ist.

Gönnen Sie sich etwas Zeit und Ruhe, um Ihre Ziele für die nächsten Jahre herauszufinden.

Träumen Sie ruhig ein wenig und machen Sie sich noch keine Gedanken über die Realisierbarkeit. Mit der *„Walt-Disney-Strategie" (Seite 173)* können Sie zu einem späteren Zeitpunkt die nächsten Schritte zur Verwirklichung planen.

2. Konkrete Zukunftspläne entwickeln

a. Stellen Sie sich eine Linie auf dem Fußboden vor, die den zeitlichen Verlauf Ihres Lebens in den letzten Jahren darstellt und auch noch einige Jahre in die Zukunft reicht. Markieren Sie die Stelle auf der gedachten Linie, die in der Gegenwart liegt.

b. Begeben Sie sich auf die Gegenwartsposition und blicken Sie in die Vergangenheit zurück. Suchen Sie einen Punkt auf Ihrer Zeitlinie, an dem Sie Zukunftspläne hatten, die Sie bis zum gegenwärtigen Zeitpunkt verwirklicht haben. Es kann sich hierbei auch um sehr „kleine Visionen" handeln, die in der näheren Vergangenheit liegen, vielleicht nicht weiter als sechs Jahre zurück.

c. Stellen Sie sich jetzt auf den Punkt in der Vergangenheit, an dem Sie schon einmal durch Ihre damaligen Pläne motiviert waren. Schauen Sie von dort aus in die Gegenwart und nehmen Sie wahr, was Sie damals wahrgenommen haben, wie Sie sich fühlten und was Sie dachten.

d. Gehen Sie mit dieser reaktivierten Erfahrung in die Gegenwart zurück und blicken Sie in die Zukunft. Welche Ziele können Sie bis zu dem Zeitpunkt verwirklichen, der ebenso weit in der Zukunft liegt wie der andere in der Vergangenheit? Denken Sie dabei nicht nur an materielle Dinge. „Ich möchte in drei Jahren zufriedener leben", wäre beispielsweise ein Ziel, das Sie aus eigener Kraft erreichen können, weil es ausschließlich von Ihrer inneren Einstellung abhängt. Sie müssten es allerdings noch konkretisieren. Was würden Sie an Ihrem Leben konkret ändern? Wie können Sie überprüfen, dass Sie Ihr Ziel erreicht haben? *(siehe Kapitel „Strategien, um Ihre Ziele zu erreichen", Seite 139).*

e. Abschließend stellen Sie sich auf Ihren „Zielpunkt" und blicken von dort in die Gegenwart zurück. Wie wird es sich anfühlen, wenn Sie an diesem Ziel sind? Was müssen Sie tun, um Ihr Ziel zu erreichen? Welche Voraussetzungen müssen Sie schaffen und welche Schritte sind erforderlich?

Bedenken Sie auch, welche Schwierigkeiten auftreten können und wie Sie diese bewältigen werden.

3. Suchen Sie Strategien zur Umsetzung Ihres Ziels.
➤ Haben Sie eine wirklich konkrete Zielvorstellung?
➤ Wie realistisch ist dieses Ziel für Sie?
➤ Können Sie es aus eigener Kraft erreichen?
➤ Haben Sie Wichtiges von Unwichtigem getrennt?
➤ Wenn Sie Unterstützung brauchen, wie bekommen Sie diese?
➤ Ist das Ziel in circa fünf Jahren erreichbar?
➤ Werden Sie positive Auswirkungen auf Ihr Leben schon jetzt spüren, wenn Sie mit der Verwirklichung beginnen?
➤ Passen Ihre Pläne gut zu Ihnen und Ihrer momentanen Situation?

(Weitere Tipps finden Sie im Kapitel „Strategien, um Ihre Ziele zu erreichen", Seite 139).

Die passende Zielbestimmung

Mit dieser Strategie können Sie sich auf die Umsetzung von Zielen vorbereiten und überprüfen, ob Sie diese auch erreicht haben. Sie ist besonders für kleinere „tagesaktuelle" Ziele geeignet.

1. Das Ziel definieren
➤ Was wollen **Sie** erreichen? Drücken Sie sich in der **Ich-Form** aus. **Ich** will ... Benennen Sie Ihr Ziel **positiv**, z. B.: „Ich will **Lösungen** finden" anstatt von „Ich will nicht mehr Grübeln".
➤ Bestimmen Sie es **eindeutig und klar**, z. B.: „In **diesem Fall** werde ich innerhalb von **fünfzehn Minuten** eine Entscheidung treffen" und nicht „Ich will mich schneller entscheiden".

➤ Erleben Sie Ihr Ziel schon einmal **sinnlich konkret**: Visualisieren Sie mit all Ihren Sinnen, wie es aussieht und wie es sich anfühlt.

2. Den Rahmen bestimmen
➤ Wann soll es sein? (Möglichst einen sehr überschaubaren Zeitrahmen wählen)
➤ An welchem Ort und in welchem Kontext werden Sie Ihr Ziel umsetzen?
➤ Wer wird dabei sein?

3. Stimmt das Ziel?
➤ Passt das Ziel zu mir und meinem Leben?
➤ Will ich es wirklich?
➤ Was wird sich für mich verändern?
➤ Geht mir dadurch etwas verloren und will ich das?

4. Realisierbarkeit
➤ Kann ich das Ziel selbstständig ohne fremde Hilfe erreichen?
➤ Welche Fähigkeiten und Ressourcen benötige ich?
➤ Ist es ein realistisches Ziel?

5. Überprüfung
➤ Woran und wann merke ich, dass ich das Ziel erreicht habe?
➤ Wie sieht dieses Erreichen ganz konkret aus?

Die Überprüfbarkeit ist sehr wichtig, denn Sie müssen ein Feedback bekommen, um Ihre Planung kontrollieren zu können. Um ein Erfolgserlebnis zu haben, müssen Sie auch wissen, dass Sie angekommen sind.

Progressive Muskelentspannung

Die Progressive Muskelentspannung ist eine Entspannungsmethode, die Sie besonders leicht selbst erlernen können. Sie wurde von dem amerikanischen Physiologen Edmund Jacobsen entwickelt. Durch gezielte Anspannung und Lockerung der Muskulatur wird eine seelische Entspannung erzielt.

Es ist hilfreich, wenn Sie sich zunächst ein wenig bewegen und locker. Danach können Sie sich hinlegen oder bequem hinsetzen. Schließen Sie Ihre Augen und stellen Sie sich vor, Sie seien an einem selbstgewählten Ort, an dem Sie sich ganz wohlfühlen. Lassen Sie alle Gedanken laufen und beginnen Sie ohne jeden Leistungsanspruch mit der Übung.

Bei dieser Übung werden Sie der Reihe nach einige Muskeln anspannen und anschließend entspannen. Die Anspannung muss nicht sehr stark sein und es sollten keine Schmerzen dabei auftreten.

Halten Sie die Anspannung so lange, wie Sie langsam bis drei zählen. Anschließend lassen Sie wieder los und entspannen Sie sich.

Achten Sie darauf, dass Sie während der gesamten Übungsphase ruhig und entspannt weiteratmen. Beobachten Sie, wie sich Ihre Bauchdecke dabei sanft hebt und senkt. Nehmen Sie auch wahr, was sonst in Ihrem Körper passiert und wie Sie sich immer weiter entspannen werden.

Entspannen Sie Ihre Muskeln immer beim Ausatmen, indem Sie diese einfach loslassen.

➤ Starten Sie mit einem tiefen Atemzug.
➤ Spannen Sie zuerst Ihre Füße und Beine an,
➤ Anschließend die Muskeln des Gesäßes und des unteren Rückens,
➤ Dem folgen die Hände und Arme,
➤ Spannen Sie nun die Muskulatur der Schultern, des Nackens und des oberen Rückens an.

➤ Als letzte Muskelpartie werden die Gesichtsmuskeln angespannt.
➤ Achten Sie noch einmal bewusst darauf, ob die gesamte Körpermuskulatur angespannt ist, und verstärken Sie die Muskelanspannung dann noch einmal für einen kurzen Augenblick.
➤ Abschließend lassen Sie alle Anspannung los und atmen dabei aus.

Lassen Sie sich jetzt noch etwas Zeit und spüren Sie dem wohligen Gefühl der Entspannung nach.

Diese Methode ist nicht nur sehr einfach zu erlernen, Sie können auch, dem Prinzip folgend beliebige Variationen in der Muskelanspannung verwenden. In einer Kurzform können Sie sich damit sogar im Büro oder in der U-Bahn entspannen.

9. Was bedeutet...

NLP
In den 70er Jahren begannen die Amerikaner Richard Bandler und John Grinder mit einem Forschungsprojekt, um herauszufinden, was erfolgreiche Psychotherapeuten von weniger erfolgreichen unterscheidet. Ausgangspunkt war die Tatsache, dass es weniger von der angewandten Therapiemethode als von den Therapeuten selbst abhing, wie erfolgreich diese bei ihrer Arbeit waren. Als „Modelle" ihrer Untersuchung dienten ihnen drei hervorragende Psychotherapeuten:
➤ Fritz Perls, Begründer der Gestalttherapie,
➤ Virginia Satir, eine Pionierin der Familientherapie,
➤ Milton H. Erickson, Urheber einer neuen Art der Hypnosetherapie.

Aus den daraus gewonnenen Erkenntnissen über das menschliche Kommunikationsverhalten und das subjektive Erleben und dessen Veränderbarkeit wurden die Grundlagen des **Neurolinguistischen Programmierens (NLP)** gelegt. NLP wird heute in vielen Gesellschaftsbereichen eingesetzt, sehr erfolgreich auch in Therapie und Beratung.

NLP ist keine in sich geschlossene Lehre, sondern ein offener Denk- und Arbeitsansatz. Besonders im Bereich der Psychotherapie gibt es zahlreiche Berührungspunkte und Überschneidungen mit anderen Methoden.

Eine wesentliche philosophische Grundlage des NLP ist der Konstruktivismus: Jeder Mensch hat sein eigenes Weltbild, seine „Landkarten" von der Beschaffenheit der Welt.

Bandler bezeichnete NLP als „Gebrauchsanweisung fürs Gehirn". Es ist ziel- und lösungsorientiert und hilft, unbewusste Denk- und Verhaltensmuster zu erkennen und zu verändern.

Systemische Therapie und Beratung

In der systemischen Therapie werden Probleme im zwischenmenschlichen und sozialen Kontext gesehen. Dabei wird nicht linear nach dem Motto Ursache = Wirkung gedacht.

Die verschiedensten Wechselwirkungen, Verstärkungen und Kreisläufe, die im Zusammenleben von Menschen bestehen, finden Berücksichtigung. Dadurch werden hilfreiche Veränderungen von Beziehungsmustern möglich.

Auch die einzelnen Menschen werden als eigenständige „Systeme" angesehen, die bestrebt sind, ihr Leben auf bestmögliche Weise zu führen. Im Gegensatz zu Maschinen sind Menschen nicht lenkbar, sondern entscheiden selbst, welche Anregungen sie aufnehmen.

Wie das NLP bezieht sich die systemische Therapie auf den Konstruktivismus. Probleme entstehen unter anderem dann, wenn unsere inneren „Landkarten" nicht mehr zur Lebensrealität passen und uns in Sackgassen führen. Beratung und Therapie können die Suche nach neuen Lösungen unterstützen.

10. Literaturempfehlungen

Coleman, Daniel: Emotionale Intelligenz, München 2001.
Untersucht und unterstreicht die Bedeutung der Gefühle für intelligente Entscheidungen

Decker, Franz: Den Stress im Griff, Würzburg 1999.
Sehr praxisbezogenes „Übungsbuch", nicht nur zum Thema Stress

Furman, Ben: Es ist nie zu spät, eine glückliche Kindheit zu haben, Dortmund 1999.
Die Kindheit bestimmt nicht zwangsläufig, wie wir unser weiteres Leben gestalten

Gorden, Thomas: Familienkonferenz, München 1989.
Hilfsreiches Buch zur Kommunikation und zum Miteinander, nicht nur für Eltern

Lazarus, Arnold A.; Clifford N.: Der kleine Taschentherapeut, Stuttgart 1999.
Hilfreiche Tipps für (fast) alle Lebenslagen, ohne Besserwisserei

McDermott, Ian; O'Connor, Joseph: NLP und Gesundheit, Kirchzarten bei Freiburg 1999.
Guter Ratgeber zum Thema Gesundheit, der den Blick auf die eigenen Einflussmöglichkeiten richtet

Mohl, Alexa: Der Zauberlehrling, Paderborn 1993.
NLP-„Klassiker" für Einsteiger, auch als Übungsbuch geeignet

Rosenberg, Marshall B.: Gewaltfreie Kommunikation. Aufrichtig und einfühlsam miteinander sprechen, Paderborn 2003.
Für mich das Beste zum Thema Kommunikation, hilfreich im alltäglichen Umgang mit unseren Mitmenschen

Schweitzer, Jochen; von Schlippe, Arist: Lehrbuch der systemischen Therapie, Göttingen 1998.
Gut verständliche Einführung ins systemische Denken

Spitzer, Manfred: Lernen – Gehirnforschung und Schule des Lebens, Heidelberg/Berlin 2002.
Aktuelles Buch zum Thema Gehirnforschung und Lernen

Steve, Andreas; Faulkner, Charles (Hrsg.): Praxiskurs NLP, Paderborn 1998.
Gut verständliches Einführungsbuch zum Thema NLP

Trenkle, Bernhard: Aha!-Buch der Aphorismen und Sprüche – So verblüffen Sie in Beruf und Alltag, Heidelberg 2003.

Vester, Frederic: Phänomen Stress, Stuttgart 1976.
Klassiker zum Thema Stress

Watzlawick, Paul: Anleitung zum Unglücklich sein, München 5. Aufl. 2004.
Das Kultbuch zum Unglücklichsein hält sich seit seinem Erscheinen im Jahr 1983 in den Bestsellerlisten und hat eine Auflage von über einer Million Exemplaren erreicht.

CD´s mit Tiefensuggestion
Stein, Arnd: zu verschiedenen Themen, z. B.:
Stress abbauen
Autogene Entspannung
In 15 Minuten frisch und ausgeglichen
Selbstbewusstsein stärken
Sehr entspannende Methode, handwerklich gut gemacht

Der Autor ist an Rückmeldungen zu diesem Buch interessiert.

Außerdem bietet er an:
- ➤ Lösungsorientierte Beratung
- ➤ Coaching
- ➤ Kommunikationstraining und Konfliktlösung
- ➤ Elternkurse „Relaxte Eltern" (Stressvermeidung)

Kontakt:
>**Lösungsschritte**
>Beratung + Coaching
>**Peter Weissenfeld**
>Tel.: 0221/2852482
>Fax: 0221/2852481
>E-Mail: info@loesungsschritte.de
>www.loesungsschritte.de

Wendepunkte

Attila Bencsik
Phantasievoll genießen – Lebensfreude im Alltag
Band 5168
Negative Grundmuster in unserem Innern können wir erkennen und aufheben. Eine praktische „Anleitung zum Glücklichsein".

Viktor E. Frankl
Das Leiden am sinnlosen Leben
Psychotherapie für heute
Band 4859
„Hier geschieht (was so oft versprochen und selten eingehalten wird) echte Lebenshilfe!" (Bücherbord).

Angelika Glöckner
Frei von falschen Schuldgefühlen
Fehler erkennen – Selbstzweifel loslassen
Band 5344
Die Autorin öffnet den Blick für die rechte Unterscheidung und zeigt Wege aus der Sackgasse falscher Schuldgefühle.

Anselm Grün/Maria-M. Robben
Finde deine Lebensspur
Die Wunden der Kindheit heilen – Spirituelle Impulse
Band 5406
Chancen entdecken, die in der eigenen Lebensgeschichte liegen: Wie wir unsere spirituellen und psychologischen Ressourcen erschließen, zeigt dieses „berührende Buch auf eindrückliche Weise."
(Hans Jellouschek)

Rudolf Köster
Das seelische Tief überwinden
Ein Leben – frei von Depressionen
Band 4962
Die praktische Hilfe zur Selbsthilfe für Menschen, die zu depressiven Verstimmungen neigen. Informationen und Ratschläge für ein frohes Leben. Hilfreich auch für Angehörige.

HERDER spektrum

Marion Lemper-Pychlau
Durch Selbstcoaching zum Erfolg
Positive Energien entwickeln
Band 5463

Sich aktiv nach dem inneren Kompass des Herzens richten und danach handeln. Das ist die Voraussetzung für Erfolg. Ein Buch, das zeigt, wie man seine Ziele erreicht.

Jean Monbourquette
Finde deinen Platz im Leben
Der inneren Bestimmung folgen
Band 5298

Mit Übungen und Ritualen kommt der Leser auf die Spur. Einladung zu einem spannenden Abenteuer.

Christine Morgenroth
Von der Eile, die krank macht, und der Zeit, die heilt
Band 5472

Bleib gesund! Durch Verlangsamung und bewusste Entscheidung zur Gestaltung von Eigen-Zeit. Eine Ermutigung zum Widerstand gegen die inneren Antreiber und zur Bewusstwerdung der eigenen Kräfte.

Luise Reddemann
Eine Reise von 1.000 Meilen beginnt mit dem ersten Schritt
Seelische Kräfte entwickeln und fördern
Band 5448

Auf den ersten Schritt kommt es an: Neue Lebensfreude entdecken – die inneren Heilkräfte aktivieren. Die Autorin gibt hier ihre lange therapeutische Erfahrung weiter.

Klaus W. Schneider
Stell dir vor, es geht
Wer positiv denkt, hat mehr vom Leben
Band 5234

Mit unserem Denken machen wir uns das Leben oft unnötig schwer. Durch gezielte Übungen lassen sich positives Denken, Zuversicht und Selbstvertrauen erreichen.

HERDER spektrum

Irmtraud Tarr
Loslassen – die Kunst, die vieles leichter macht
Band 5368

Loslassen, sich von alten Dingen trennen, sich auf das wirklich
Wichtige einlassen: das führt zu mehr Gelassenheit.

Cornelia Thiels
Hilfe, alle wollen was von mir!
Erwartungen erfolgreich ausbalancieren
Band 5223

Erkennen, was wichtig ist, und die Konsequenzen ziehen. Das ist die
Alternative zur Erschöpfung.

Bodo G. Toelstede
Aus Wünschen Ziele machen
Wie ich erreiche, was ich mir vornehme
Band 5384

Mut, Selbstbewusstsein und Selbstvertrauen für eine sinnvolle
Lebensplanung gewinnen. Das Erfolgsrezept: geheime Wünsche ernst
nehmen und destruktive Denkmuster abbauen.

Jürgen Zulley/Barbara Knab
Unsere Innere Uhr
Natürliche Rhythmen nutzen und der Non-Stop-Belastung
entgehen
Band 5365

Wer die vielgerühmte Gebrauchsanweisung für unsere Innere Uhr nutzt,
lebt gesünder, ist leistungsfähiger und erfolgreicher.

Jürgen Zulley/Barbara Knab
Wach und fit
Mehr Energie, Leistungsfähigkeit und Ausgeglichenheit
Band 5409

„Alertness management", die Schule des Wachseins, nutzt Erkenntnisse
aus der Schlafforschung. Praktische Anregungen für alle, die tagsüber
gern „voll dabei" sind.

HERDER spektrum

Verena Kast bei Herder spektrum

Sich einlassen und loslassen
Neue Lebensmöglichkeiten bei Trauer und Trennung
Band 4888

Sich wandeln und sich neu entdecken
Band 4905

Loslassen und sich selber finden
Die Ablösung von den Kindern
Band 4910

Aufbrechen und Vertrauen finden
Die kreative Kraft der Hoffnung
Band 5142

Lass dich nicht leben – lebe
Die eigenen Ressourcen schöpferisch nutzen
Band 5314

Abschied von der Opferrolle
Das eigene Leben leben
Band 5374

Lebenskrisen werden Lebenschancen
Wendepunkte des Lebens aktiv gestalten
Band 5402

Vom Sinn der Angst
Wie Ängste sich festsetzen und wie sie sich verwandeln lassen
Band 5525

HERDER spektrum